愛知大学綜合郷土研究所ブックレット

22

藩札

江戸時代の紙幣と生活

橘 敏夫

●目 次●

はじめに

江戸時代のお金と聞いて、どれくらいのことが思い浮かぶのでしょうか。テレビ時代劇の銭形平次を見ていた人なら、主人公が武器として寛永通宝を悪人に投げつけたことを記憶しているでしょう。また落語に関心のある人なら、時刻を知らせる鐘の音を利用して蕎麦屋の勘定をごまかす人と、その人のまねをして失敗する人を取り上げた「時そば」という話があることを知っているでしょう。しかしこうした人たちは、失礼ながら、今や年齢が高いと言わざるを得ないかも知れません。若い人であれば、一部の熱心な時代劇ファンや、大学の落語研究会に所属している場合に限られることでしょう。

平成二十一年（二〇〇九）五月十五日の中日新聞に、江戸時代のお金に関する興味深い記事がありました。それは、あじさい寺として知られる愛知県幸田町の本光寺にある松平氏の墓所から、慶長小判四三枚、同一分金一一七枚、ガラスコップなどが発見されたというものです。その場所の写真では、小判・一分金が山吹色に輝いていました。記事には、慶長小判の簡単な説明も付けられていました。この記事を読んだ人なら、江戸幕府が鋳造した慶長金貨について知っていることになるでしょう。

では江戸時代のお金について、詳細に書いてあるうえに身近なものは何でしょう。一つ挙げろと言われれば、筆者なら中学校の教科書と答えます。それは、愛知県豊橋市の中学校で使っている東京書籍が発行する歴史の教科書に、江戸幕府は各地の鉱山を直接に支配して貨幣の鋳造権を独占し、江戸や京都に置いた金座・銀座で金貨と銀貨を、各地の銭座では寛永通宝を大量に造りました、との記述があるからです。加えて、慶長金貨の大判・小判・一分金、同銀貨の豆板銀、寛永通宝については、実物大の写真が掲載されています。江戸幕府発行の貨幣に加え、紙幣である藩札も紹介してあり、越前福井藩が発行した藩札の写真が掲載されています。平成二十四年四月から新しくなった教科書では、一七世紀後半から財政難に苦しんだ諸藩のなかには藩札と呼ばれる藩独自の紙幣を発行した、と記述が追加されています。そのうえで、寛文六年（一六六六）発行の福井藩札が掲載されています。

こうした江戸時代の歴史については中学二年生で学び、三年生になると社会科は公民という科目になります。この教科書のなかには、現代の通貨制度に関する説明が、本文とは別に特集記事として組まれています。そのなかに紙幣の起源について記述があり、日本の例として、慶長五年（一六〇〇）頃に伊勢国（三重県）山田地方で通用した「山田羽書」が紹介されています。この「山田羽書」は、通説では藩札の原型になったとされています。

このように中学校で使用する教科書のレベルはかなり高度です。したがって、その内容を理解していれば、以下のブックレットの展開も、いきなり三河吉田藩の通貨事情や藩札からはじめられるでしょう。しかし、関心があって本書を手にした読者が、すべて同じ教科書で中学時代を過ごしたかは疑問です。また中学時代にはまったく歴史に関心がなく、その後に興味を抱くようになった人もいるでしょう。何より、中学校で勉強したことは忘れた、あるいは昔の教科書とは書いてあることが違うという人が、大多数かも知れません。そこで、次のような順番で本書を記述することにしました。まず、江戸幕府の貨幣制度と藩札の概要について述べます。そして、中心として取り上げるのが三河吉田藩であることから、吉田藩周辺の各藩が発行した藩札にもふれます。準備ができたら、幕末・維新期の吉田藩の通貨事情と藩札について、現時点で判明していることを詳しく説明することにしました。その際、典拠となった史料はすべて筆者の要約とします。参考とした書籍もタイトルだけとしました。さらに深く学びたい人は、巻末の参考文献を手がかりに知識を深めてください。

一　藩札は江戸時代の紙幣

◉江戸幕府の貨幣

慶長《けいちょう》五年（一六〇〇）の関ケ原の戦いに勝利して覇権を確立した徳川家康は、慶長金銀の鋳造に着手しました。大判《おおばん》・小判《こばん》・一分判《いちぶはん》という金貨と、丁銀《ちょうぎん》・豆板銀《まめいたぎん》という銀貨とをそれぞれ金座・銀座で造りました。このうち小判と一分判は品質は同じで、一分判一枚は小判一枚の四分の一の重さです。小判は一枚を一両《りょう》と数えます。この「両」はもともと中国の重さの単位でしたが、江戸時代には貨幣の単位とされました。小判一両*に対し、大判一枚を一〇両と言いますが、この場合はもともとの重さの単位で言っているので、大判を小判に両替《りょうがえ》する場合は含まれる純金量にしたがい、大判一枚を七両二分としました。

丁銀と豆板銀も品質は同じです。丁銀は重さが三〇～五〇匁《もんめ》*のなまこ形をした塊《かたまり》、小玉銀《こだまぎん》とも呼ばれる豆板銀は五匁前後の小さな塊です。これらは使用の際には切り遣《づか》いされることから刻印が打ってあり、秤量《しょうりょう》、すなわち秤《はかり》にかけて重さをはかることから秤量銀貨*と呼ばれます。江戸幕府が基本貨幣を金貨に統一できなかった理由は、経済の先進地である京都・大坂を中心とする西国《さいごく》で銀貨が盛んに流通し

小判一両――現在の貨幣価値に直す場合は、米価を基準にするのが最適。日本銀行金融研究所貨幣博物館のホームページによると、江戸時代初期が約一〇万円、中～後期が四～六万円、幕末が四千円～一万円に相当する。

匁――この匁は重量単位。一匁＝約三・七五グラム。

秤量銀貨と藩札――銀遣いの西日本で藩札が盛んに発行されたことから、秤量銀貨の使い勝手の悪さを藩札が補ったとされたこともあったが、今では否定されている。江戸前期には金貨と秤量銀貨の流通量は相半ばしていたが、計数銀貨の発行で使い勝手は向上したのに藩札発行が減少したわけではないからである。通貨不足を補うための藩札発行であったにしても不足の原因は多様で、実態の解明が必要である。貨幣鋳造権を幕府が独占した江戸時代に、通貨不足の補完には紙幣である藩札に頼らざるを得なかった。金銀銅を素材としない紙幣流通に必要な信用を担保したのは、江戸時代を石高制社会と呼ぶように、藩が持つ大量の年貢米であった。

明銭——室町幕府三代将軍足利義満がはじめた日明貿易による輸入品。日本には対抗できる鋳造技術がなかった。

一貫文——一〇〇〇文。

金一両＝四貫文——江戸の銭相場は長期的にみると低落傾向を示し、元禄〜享保期が一両＝三〜五貫文、続く元文〜文化期が五〜七貫文、そして文政期以降は六貫文以上、幕末には一〇貫文となった。

ていたからです。

金貨・銀貨に対し、江戸幕府が銭貨を統一することは簡単ではありませんでした。その理由は、室町・戦国時代に大量の中国銭、おもに永楽銭《えいらくせん》などの*明銭《みんせん》が輸入されて流通していたからです。加えて私的に造られた、私鋳銭《しちゅうせん》も利用されていました。それでも江戸幕府は、金貨と銀貨、永楽銭などの良質の銭貨と、これらが劣化して割れたり欠けたりした悪銭や私鋳銭などの鐚銭《びたせん》との交換比率を次のように決定しました。まず金貨と銭貨について、慶長十三年十二月に金一両＝永《えい》*一貫文《いっかんもん》＝鐚四貫文としました。次に金貨と銀貨について、翌十四年七月に金一両＝銀五〇目《め》としました。「永」は永楽銭、「鐚」は鐚銭のことです。「目」というのは銀貨の重さを表す単位で、二〇匁以上で一桁が〇《れい》の場合に使います。

さて、銭貨の統一をめざした江戸幕府は、慶長通宝・元和《げんな》通宝を試験的に鋳造しましたが状況は好転しませんでした。そこで寛永十三年（一六三六）六月、寛永通《かんえいつう》宝《ほう》と称する銅銭を新鋳しました。その際に、*金一両を寛永通宝で四貫文替《がえ》と規定したうえで、江戸と近江《おうみ》以外の場所での鋳造を禁止しました。翌十四年八月からは八か所の鋳銭所《ちゅうせんじょ》を増設し、同十七年八月まで鋳造を続けました。増設地のなかには三河国吉田が含まれ、鋳銭所が置かれた一帯は新銭町《しんせんちょう》と呼ばれるようになりました。

寛永通宝の大量鋳造により銭貨の統一が実現し、江戸幕府の金貨・銀貨・銭貨からなる三貨制は整いました。寛永通宝の流通量はその後も不足がちで、江戸幕府は寛文《かんぶん》八年（一六六八）から再度大量に鋳造しました。このときの寛永通宝は裏面に年号の一部である「文」字があることから文銭《ぶんせん》と呼ばれます。

この後、江戸幕府は金貨・銀貨の品質を変更する貨幣改鋳《かいちゅう》を大きく分けて五回、すなわち元禄《げんろく》・宝永《ほうえい》期、元文《げんぶん》期、文政《ぶんせい》期、天保《てんぽう》期、安政《あんせい》・万延《まんえん》期と繰り返しました。このうち元禄・宝永の改鋳は、正徳《しょうとく》・享保《きょうほう》の改鋳を含む長期間にわたるものでした。元禄の改鋳では、一分判の半額にあたる二朱判《しゅはん》を新鋳しました。一両＝四分、一分＝四朱という金貨の換算率が決まりました。正徳～享保年間にも寛永通宝を大量に鋳造しました。このときの寛永通宝は、銭の縁《ふち》である耳が幅広で、この「広い」を関東で「しろい」と発音したことから、耳白銭《みみしろせん》と呼ばれます。元文の改鋳では、元文四年（一七三九）から鉄銭《てっせん》の寛永通宝を鋳造しました。これは材料の銅不足が深刻だったからです。

改鋳とは別に次のような変更もありました。明和二年（一七六五）には明和五匁《めいわごもんめ》銀《ぎん》を鋳造しました。これまで銀貨は必要分を秤量して使用することが建前でしたが、はじめから重さが決まっている銀貨が登場したのです。このような銀貨を計数《けいすう》銀貨と言い、この明和五匁銀が最初でした。計数銀貨の継続策として江戸幕府は、明和九年に南鐐《なんりょう》二朱銀を鋳造しました。南鐐とは上質の銀のことで、二朱という金貨の単位を持つ銀貨です。江戸幕府は南鐐二朱銀八片（枚）と小判一両を交換するように命じました。この金貨になる銀貨の発行は、江戸幕府が基本貨幣を金貨に統一しようとする意欲を持っていたからです。

銭貨についても新しい動きがありました。明和四年から銅・亜鉛《あえん》・錫《すず》を成分とする真鍮《しんちゅう》銭を鋳造したことです。これまでの寛永通宝は銅銭・鉄銭ともに一枚が一文通用の一文銭*でしたが、この真鍮銭は一枚で四文通用の四文銭《しもんせん》です。真鍮四文銭は表面は寛永通宝とありますが、裏面に円弧状の波形が付けられ、これを目印に見分けます。こののち天明《てんめい》年間まで鋳造され、いったん中断されますが、文政年間にも鋳造されました。その際、銅の成分比を増したことからこれまでの真鍮銭に比べて銭の色が赤くなりました。そのためこれを赤銭《あかせん》と呼び、それ以前の真鍮銭を青銭《あおせん》と呼んで区別しました。

天保六年（一八三五）から一枚で一〇〇文通用の天保通宝、いわゆる当百《とうひゃく》、または天保銭が登場します。これは楕円形をした大型の銅銭でしたが、実際の銅の含有量は耳白銭の七倍程度でした。そのため、江戸幕府の力が弱まると一〇〇文で通用させることが難しくなりました。

◉――紙幣としての藩札

江戸幕府が発行した貨幣は、いずれも金・銀・銅などを素材とした金属貨幣でした。その一方で、戦国時代末〜江戸時代初期の一七世紀前半に「山田羽書《はがき》」と呼ばれる紙幣が伊勢国*山田地方を中心に流通していました。この山田羽書は日本におけ

一文銭――並銭（なみせん）、小銭（こぜに）と呼ぶこともある。

伊勢国――三重県の主要部で、山田はその中でも商業の中心地。

越前福井藩――福井県福井市。領主は松平氏、三〇万石。

備後福山藩――広島県福山市。藩札発行時の領主は水野氏、一〇万石。

安芸広島藩――広島県広島市。領主は浅野氏、四二万石。

肥後熊本藩――熊本県熊本市。領主は細川氏、五四万石。

不融通――通貨の流通が閉塞していること。

る最初の紙幣と言われます。おもに有力商人が発行したことから、私札《しさつ》、または私人札《しじんさつ》に分類され、藩札《はんさつ》の原型とされます。この私札と藩札がどのように関連するのかについては、はっきりとしません。しかし寛文年間に私札の衰退と入れ替わるように藩札の発行が増大していくのです。それでは最初に藩札を発行したのはどこでしょうか。従来、寛文元年（一六六一）の＊越前《えちぜん》福井藩による銀札とされてきました。しかし『福山市史』中巻の記述から、寛永七年（一六三〇）の＊備後《びんご》福山藩による銀札・銭札であったとする指摘が国立史料館編『江戸時代の紙幣』にあります。鹿野嘉昭『藩札の経済学』のなかでも、福山藩の隣に位置する＊安芸《あき》広島藩と、藩札発行時の福山藩主が訪れたことのある＊肥後《ひご》熊本藩との関連史料から、このことが主張されています。ただ、いまのところ寛永七年の藩札自体は見つかっていません。

　藩札を発行した理由は藩によってさまざまです。右の福山藩の場合は土木工事費用の調達でした。鹿野前掲書には、災害による歳入不足、藩財政の窮乏、殖産興業資金の不足、銭貨不足などが挙げられています。また滝沢武雄『日本の貨幣の歴史』では、これまでの研究史から、寛文～宝永年間における領内の貨幣不足を補うために藩札を発行した場合が多い、と指摘されています。貨幣不足と言っても、状況を改善・打開するために藩札を発行して資金を得る場合と、本来流通しているはずの貨幣が不足、史料では「＊不融通《ふゆうづう》」と表現されます、したために藩札を発行して貨幣不足を補う場合があります。両者は表現が同じでも事情が異なります。特に前者の場合は、簡単に言えばもっとお金をということになりますから、藩札の過剰な発行につながりやすくなります。その結果、藩札に対する信用が低下して札騒動、または札崩れという取り付け行為が発生し、藩政の混乱を招くことになります。

藩札を発行する主体は、藩自身か、委託された城下町の有力商人、おもに御用達《*ごようたし》でした。通用させる地域は、城下町だけ、宿場だけというように領内の一部に限定する場合と、領内であれば良いとして限定しない場合がありました。信用の高い藩札は、発行した藩の意図を超えて近接地でも使用されることがありました。

流通の方法としては、領内の通貨を藩札に限定する専一流通と、幕府貨幣との同時通用を認める混合流通がありました。前者の場合は、藩札発行時にこれと交換で幕府貨幣を藩が回収します。また一定金額までの少額取引については、これまで通り銭貨の使用を認めることもあります。特に旅行者の場合、こうした措置がなければ藩札を発行している藩内の宿場で宿泊することが困難になります。

藩札の形は縦長の短冊形《たんざく》で、宝船や大黒天、龍などの縁起のよい文様を配したうえで、金額・発行元・通用期限を記載します。藩札全体が木版《もくはん》、幕末になると銅版《どうはん》で印刷され、追加事項が手書きされたり、小形印が押してあります。厚手の和紙を利用したので、その原料は楮《*こうぞ》であることがほとんどです。色は白色を基本とし、青色や黄色もあります。贋造《がんぞう》防止に、地名や家紋を透《す》かしで入れたりしています。

藩札という言葉は、江戸時代の大名領とその行政組織を藩と呼ぶことに基づく学

御用達――領主の公用をつとめる商人。財力のある城下や在方の商人のなかから選任。このほか、江戸屋敷のある江戸や蔵屋敷のある大坂にもいた。幕末になるにしたがい、人数が増え、献金の替わりに下級藩士と同等の格式を与えた。

楮――クワ科の落葉低木。樹皮を砕き漉いて和紙とする。繊維が長く丈夫な紙となる。

術用語で、江戸時代には金札《きんさつ》・銀札《ぎんさつ》・銭札《ぜにさつ》と呼ばれていました。これらはそれぞれの札が金貨・銀貨・銭貨の金額を表示していたからです。そのほかには「米」とか「米価」、あるいは「米一升」などの米を計量する単位が含まれている札があります。これは米札《こめさつ》と言います。藩が支給する藩士への俸禄《ほうろく》は米で支給することが基本であり、この替わりに使用されたのでしょう。

東海道の宿場で通用した銭札も、城下町の一部が宿場に指定されたり、藩領内に設置されたりした場合は、広い意味で藩札と呼ぶことができます。しかし一般的には*五街道《ごかいどう》を江戸幕府の*道中奉行《どうちゅうぶぎょう》が管轄したことを重視し、特に宿札《しゅくさつ》、または宿場札《しゅくばさつ》と呼びます。これには金額の表示方法から*人馬賃銭預札《じんばちんせんあずかりさつ》・米銭札*・労賃札*という分類が行われることがあります。

このほかにも藩札にはさまざまな分類法があり、いまだに確立したものはありません。明治四年（一八七一）の調査で、二四四藩・一四代官所・九旗本領で通用していた藩札には、多種多様な用途と流通方法があったからでしょう。諸藩の八割以上の地域で発行された藩札ですが、地域的には西日本における発行事例が豊富で、東日本では発行されたとしてもその時期が幕末、あるいは明治初年になる場合がほとんどです。江戸時代、現在の愛知県の西半分は尾張《おわり》国と呼ばれ、尾張藩*が支配していました。寛文六年に尾張藩では判書《はんがき》と呼ばれる銀札を発行しました。しかし、その通用はわずか一年半後の寛文八年に終了しました。その後、寛政四年（一七九

五街道——東海道・中山道・甲州道中・日光道中・奥州道中とこれらに付属する脇街道の総称。

道中奉行——万治二年（一六五九）設置。はじめは大目付からの兼帯で一人制、元禄十一年（一六九八）からは勘定奉行からの加役を合わせ、二人制となる。

人馬賃銭預札——金額の前後に「預」の一文字が入る。銭貨不足の際、実際に支払う賃銭の替わりとする。

米銭札——金額の頭に米代などの文字が入る。金額に相当する米を請け取ることができる。

労賃札——賃米五合などの表示で、賃金に相当する米を請け取ることができる。

尾張藩——名古屋藩ともいう。御三家筆頭、六二万石。

西尾藩――愛知県西尾市。江戸時代後半の領主は松平氏、六万石。

勘定所――年貢収納や俸禄支給などの財務全般を担当。勘定奉行を責任者として同心目付・勘定所見習・小勘定・帳付などがいる。

関係諸藩図
（輯製20万分1図を基に作成）

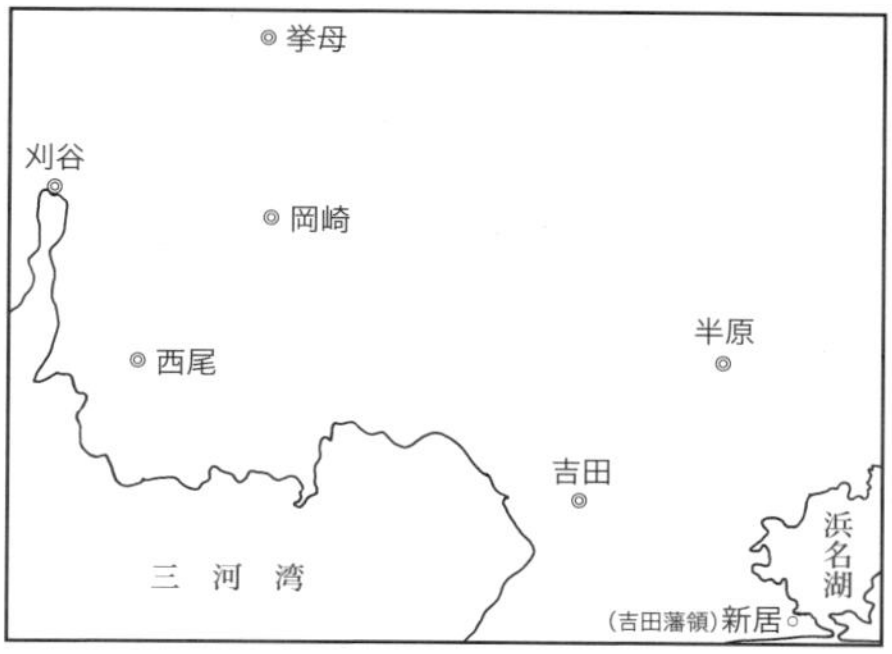

二）から金札・銀札の米切手《こめきって》、天保十四年（一八四三）から銭札の銭切手《ぜにきって》を発行し、ともに嘉永四年（一八五一）に通用を停止しました。

◉――三河諸藩の藩札

江戸時代に愛知県の東半分は三河国と呼ばれていました。尾張国とは違い、ここにはいくつもの藩、徳川幕府の直轄地である代官所、旗本領が混在していました。そして多くの藩、代官所のなかにある東海道の宿場、一部の旗本領で藩札が通用していました。しかし発行の理由や通用方法については研究が不十分で、これからの解明が期待されます。次に、藩札とその関連史料が比較的多く残っている西尾・岡崎・挙母《ころも》・刈谷・半原《はんばら》藩について、概略を述べておきます。（関係諸藩図）

西尾藩

*西尾藩については『西尾市史』二の記述が詳細です。藩札は表面に「贈物」とあることから「贈物札《おくりものさつ》」と呼ばれました。発行時期は不明ですが、*勘定所《かんじょうしょ》を発行元とした銭札で、一貫文・五〇〇文・三〇〇文・二〇〇文・一〇〇文・四八文・三二文・二四文の八種類がありました。裏面には「西尾藩元締方《もとじめかた》」という角印か、「元締方」という楕円形の印のどちらかが押してあります。

文久二年（一八六二）十二月十一日からは、新贈物札の三二銅札・二四銅札が

写真1　西尾藩札（西尾市教育委員会蔵）
［贈物　銭四拾八文札　13.2×3.9］
（単位cm、右が表、以下同様）

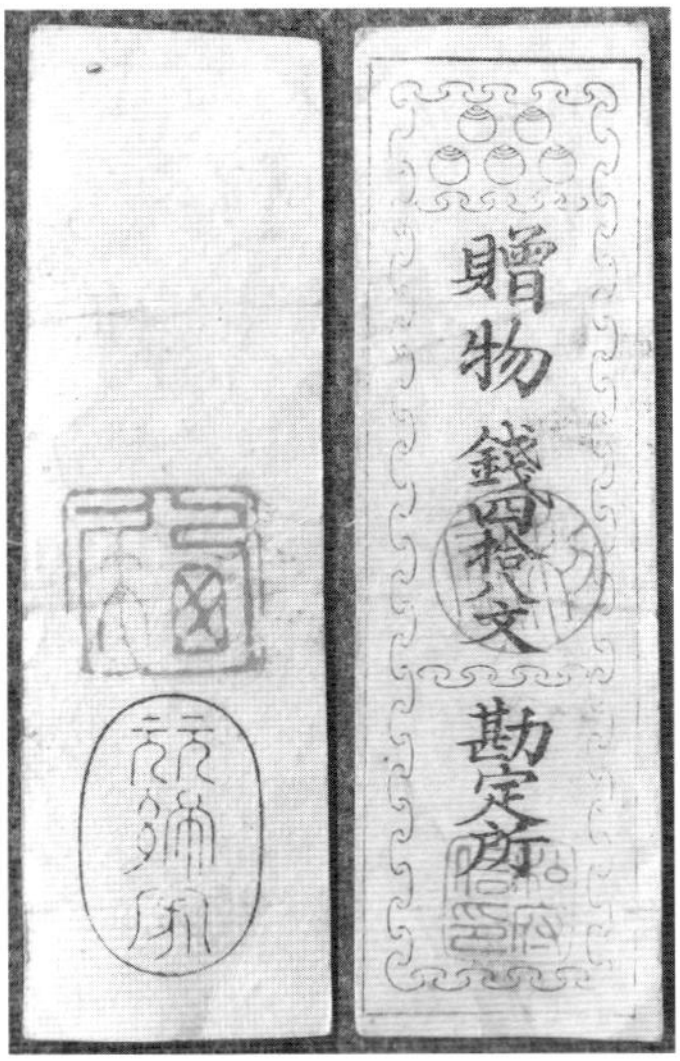

［銀拾五匁札　11.6×3.6］

御用達の深谷半左衛門・鳥山利兵衛・尾崎久治を引替所として通用しました。金額の表示を「文」ではなく「銅」と言い換えているのは、従来の贈物札と区別するためです。その後、五〇銅札が追加されました。

新贈物札の表面には「贈物」という文字と十二支と数字からなる番号、「贈物精五拾銅」「贈物精三拾二銅」「贈物精二拾四銅」という押捺があり、裏面は無地のままです。

明治二年（一八六九）十一月十三日からは西尾の本町に設置した生産扱所から一五匁・七匁五分《ふん》・三匁七分五厘《りん》の銀札を発行し、贈物二〇〇文札以上は七匁五分札・三匁七分五厘札と交換しました。一五匁札・七匁五分札は裏面に「西尾藩支配地限通用引換生産扱所」、三匁七分五厘札は表面に「生産方」とあります（写真1）。この生産扱所は、領内の生産や諸国物産・外国品の売買を担当する西尾藩の役所の一部署です。

銀札の金額は、江戸幕府が元禄十三年（一七〇〇）に公定した金一両＝銀六〇目という相場を適用すると、一五匁札は金一分、七匁五分札は金二朱、三匁七分五厘札は金一朱にそれぞれ相当します。同様の銀貨表示は次の岡崎藩でも使われています。

岡崎藩

岡崎藩*については『大日本貨幣史』第四巻に「安政六年始メテ幕府ノ許可ヲ受ケテ製造セルモノ三種アリ。曰ク米代銀七匁五分札・曰ク米代銀三匁七分五厘札、曰ク米代銀一匁札、其枚数詳ナラズ」とあります。また『新編 岡崎市史』近世3では、明治二年に藩財政立て直しを目的に藩札を発行したとし、右の米銀札三種と銭札五種（三〇〇文・一〇〇文・二四文・一六文・一〇文）、および発行年月不明の端米銭札《はしまいぜにさつ》の存在を指摘しています。

近年、岡崎藩領堤通手永*《てなが》の大庄屋《おおじょうや》長嶋家の『長嶋家御用日記』*が刊行され、さらに次の三点が明らかになりました。

先ず第一に、安政六年（一八五九）に発行された米代銀札を岡崎藩では単に米札と呼ぶこともありました。『長嶋家御用日記』に記録された八月十三日付の村々庄屋衆宛廻状に、米札引替休日（表1）と米札に関する注意事項が書き込まれていたからです。このうち後者には、米札は在中*《ざいちゅう》通用を目的としないこと、町方*《まちかた》と岡崎藩家中*《かちゅう》から受領した場合は引替日と時間（午後二時まで）を守ること、御用金などの上納に米札が使用可能であること、が記してあります。

岡崎藩——愛知県岡崎市。江戸時代後半の領主は本多氏、五万石。

手永——岡崎藩の領内支配単位。川西・上野・堤通・山方・額田・東中山の六手永があり、大庄屋が管轄する。

長嶋家御用日記——刊行時の総称。史料名は嘉永六丑年（一八五三）の場合が「丑日記」というように十二支を冠した日記。

在中——在方、または地方（じかた）ともいい、郡奉行の管轄地。

町方——城下町のうち、城内を含む武家地と寺社地を除いた地域で、町奉行の管轄地。

家中——家臣団のこと。城内に与えられた屋敷に居住。

表1 岡崎藩の米札引替休日
（安政6年）

	五節句・朔望
正月	元〜11・17・18・21・22日
2月	17・18・21・22・26・27日
3月	17・18・21・22日
4月	17・18・21・22日
5月	17・18・21・22日
6月	17・18・21・22・晦日
7月	8〜18・21・22・晦日
8月	17・18・21・22・晦日
9月	17・18・21・22日
10月	16〜18・21・22・28・晦日
11月	17・18・21・22・29・晦日
12月	7・8・11・12・17・18・21〜晦日

出典＝『長嶋家御用日記』

廻状——公用書類回覧のために領主役所から発せられる。領内を幾ルートにも分け村々を廻り、最終地から役所へ逆送される。

扶持米——領主から支給される俸禄（給与）の一形態。一人扶持は一日あたり玄米五合。一か月にすると大の月（三〇日）は一斗五升となる。これを何人扶持と人数分で示して支給する。

小銭——並銭ともいい、一枚で一文通用の銭。

正金と銭札——等価で交換する場合や発行経費相殺のために交換手数料が必要な場合がある。

写真2　東海道岡崎宿札（豊橋市二川宿本陣資料館蔵）
［銭拾六文人馬賃預札　10.9×2.6］

九月二十七日付の大庄屋宛廻状*では、先頃岡崎藩家中と町方の融通《ゆうずう》を改善するために米一升附手形を発行し、取扱方に塩田多蔵を指名したので、今後は在中でも扶持米《ふちまい》*同様に取引することを追加しています。この廻状では、米札を一升附手形と呼び替えています。呼び方に変化はありますが、二通の廻状から米代銀札の通用方法がわかります。『藩札図録』上巻に収録されている岡崎藩札のうち、表面に「一米壱升代銀壱匁也」、裏面に「岡崎蔵米量渡方改所」とあるのが米代銀壱匁札でしょう。『図録　日本の貨幣』6の藩札一覧表によれば、引替所名を「改所　塩田多蔵」とする米銀札があります。したがって塩田多蔵は蔵米量渡方改所の役人です。

次に、銭札については『長嶋家御用日記』の文久三年（一八六三）四月二十四日付廻状に、次のようにあります。それは、岡崎藩が小銭*不足に悩む領内からの出願に基づいて文久元年から銭札を通用させていたが、藩の意向でそれを停止したこと。しかし同三年四月二十五日から同様の理由で再通用させるので、一升附小手形引替所で正金《しょうきん》*と銭札を交換すること。今回は利便性の向上を図るために、御用達の材木町《ざいもくちょう》稲垣弥八と伝馬町《てんまちょう》鈴木小七郎を引替方取次《ひきかえかたとりつぎ》に任命した、というものです。ここでは銭札の種類は不明ですが、発行時期は確認できたことになります。

さらに慶応元年（一八六五）十二月十五日付の手永宛口達に

は、次のようにあります。それは、文久元年から小銭不足が原因で岡崎宿*人馬会所《じんばかいしょ》の賃銭支払いに当ててきた一六文札を、来年から明治三年まで通用の新銭札と引き替える、というものです。この記事から、文久元年に発行した銭札のうち、十六文札は宿場札だったことがわかります。岡崎宿を発行元とした「午（明治三年）十二月限銭拾六文人馬賃預」札がこれです（写真2）。

挙母藩

挙母藩*については『大日本貨幣史』第四巻に「挙母藩ノ札ハ旧来施行セシカ、明治二年更ニ朝廷ノ許可ヲ受ケテ製造セルモノ三種アリ、曰ク米代銭五百文札、曰ク米代銭二百文札、曰ク米代銭四十八文札、其ノ枚数詳ナラズ」とあります。また『豊田市史』三巻には、挙母藩では藩士の定禄支給用の米札と領内で通用する銭札とを発行し、明治三年三月二十八日から産物所で新銭札と交換するために、従来通用の古銭札は五月十五日までで通用が停止されたとあります。

『藩札図録』上巻には三種類の藩札が収録されています。このうち表面に「銭貳拾四文預午五月限　挙母」とあるのが、発行年不明で明治三年五月十五日に通用期限をむかえた古銭札です。「米價銭五百文」とあるのが米札で、朝廷に許可された米代銭札にあたります。「銭三百文預　挙母町」とあるのが新銭札です。

新銭札については明治二年の「民政方御用日誌*」に次のような記事があります。

岡崎宿——岡崎城下のうち、東海道に面した投町・両町・伝馬町・籠田町・連尺町・横町・材木町・下肴町・田町・板屋町・松葉町の十一か町で構成する。五街道の宿場は、道中奉行と藩との二重の支配をうける。例えば、宿場で火災が発生した場合は、藩の担当役所と道中奉行の二か所に届け出る。

挙母藩——愛知県豊田市。江戸時代後半の領主は内藤氏、二万石。

民政方御用日誌——明治二年の藩政改革でできた郡司局のなかの一組織、民政方の日誌。

写真3　挙母藩札（豊田市郷土資料館蔵）
［銭貳百文預札　13.2×4.1］

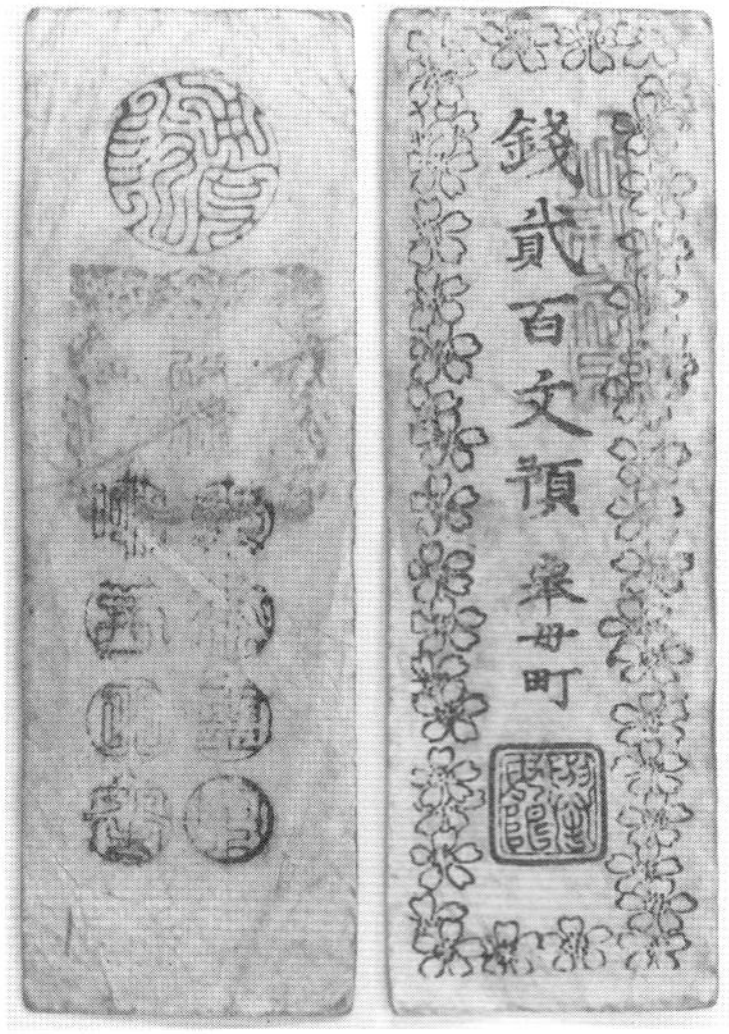

七月五日に、正銭が不自由なので御伺い済みのうえで銭札三〇〇文・一〇〇文・二四文・一六文を発行してきたが、五〇〇文・二〇〇文を追加発行するというものです（写真3）。さらに七月七日に、銭札の贋札《がんさつ》が発見されたことから目明かしに取調べを命じたことが記してあります。その結果七月十一日に、贋札を製造した二名を入牢《じゅろう》、容疑者一名を町預けにしたとあります。この事件が銭札引替の発端だったのでしょう。

『挙母藩史』には、藩札の発行高一〇、〇〇〇円のうち七、〇〇〇円を明治四年七月までに償却したが、残額三、〇〇〇円は生産所を設置して綿・木綿の売却収益金で二〇年の償却をめざすとあります。

刈谷藩

刈谷藩*については、刈谷の町庄屋が月番で書き継いだ『刈谷町庄屋留帳』*に、米札の通用に関する次のような記事があります。それは、文久元年（一八六一）三月の高須新田における堤防工事許可に対するお礼として、郡代官に米札二升分、手代三人に米札一升ずつを四月二十日に送った、というものです。

元治二年（一八六五）四月、町奉行所に月番庄屋が三月二十日に発生した盗難事

刈谷藩——愛知県刈谷市。江戸時代後半の領主は土井氏、二万三千石。

刈谷町庄屋留帳——刊行時の総称。史料名は「御触状留帳」。

池鯉鮒宿――東海道の宿場、刈谷藩領。江戸時代に宿名を表示する際にはこの字をあてることが多い。通用期限が「丑（慶応元年）十二月限」の銭札二四文がある。

司民役所――江戸時代の町奉行にあたる。

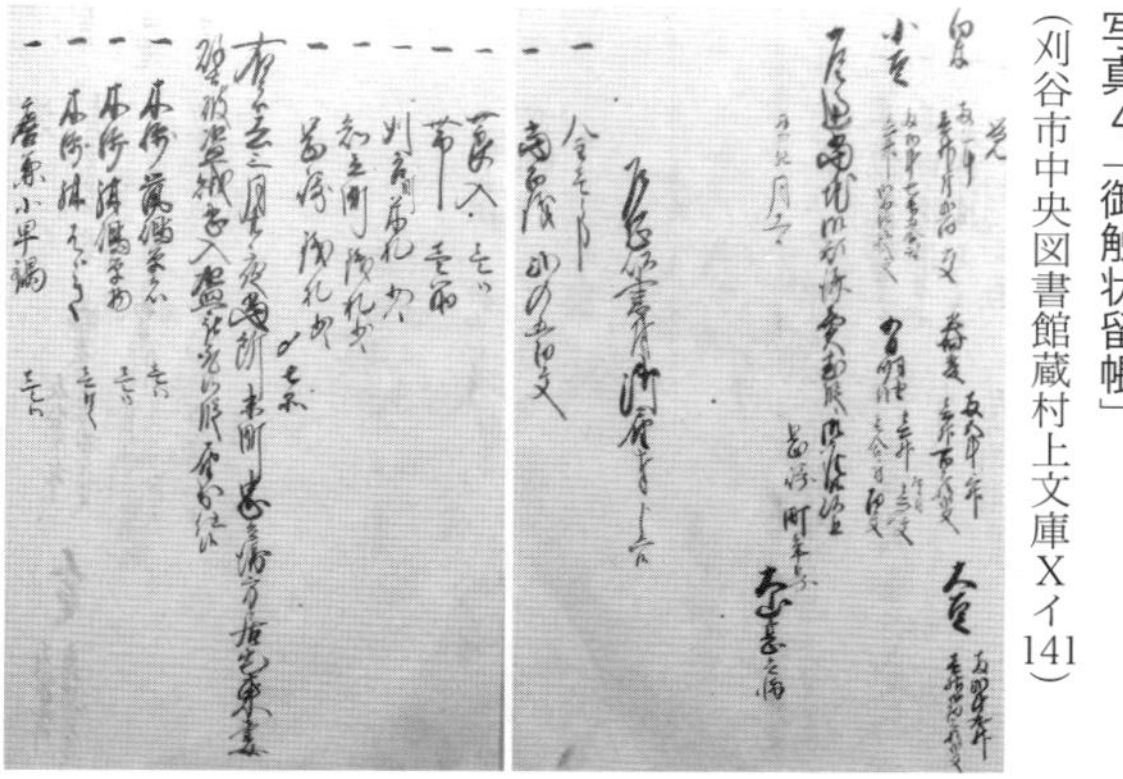

写真４「御触状留帳」（刈谷市中央図書館蔵村上文庫Xイ141）

件を報告しました。その際の盗品リストに、金一分・当百銭《とうひゃくせん》二貫五〇〇文・莨《たばこ》入一・帯一筋《すじ》と並んで、刈谷町米札・知立町銭札・岡崎銭札が載っています（写真４）。被害者は城下末町《すえまち》の住人で、職業は記されていません。ついでにいうと、知立町の銭札は東海道池鯉鮒《ちりゅう》宿*、岡崎銭札は岡崎宿で通用していた宿場札のことでしょう。

明治三年正月、刈谷藩司民役所*は次のような触書《ふれがき》を出しました。それは、近年の小銭不足に対応するため米札を通用してきたが、朝廷からの布告により近日中に停止する。引替実施までは支障なく通用させるように、というものです。この触書では米札に似せた贋札の存在も指摘されています。

正月二十五日、司民役所は前日に議行局から指示された贋札対策を領内に出しました。それは、四月二十八日から南横町に改役所を設置して真偽を確認し、贋札は廃棄処分、正札《しょうさつ》は改印のうえで通用させる、というものです。しかしこの決定は即日変更され、正札は四月二十七日から正金と交換することになりました。贋札が通用していることを考慮すれば、改印を押捺して正札であることを保証しても通用が滞ると判断したためでしょう。

『藩札図録』上巻によれば、米札の様式は完全には統一されていません。例えば、表面に「米四合代五拾文」、あるいは「米二合代二十四文」とあり、前者であれば「以二枚替百文」、後者であれば「以四枚替百文」と、一〇〇文に達する枚数が明示されていますが、その場所がまちまちです。裏面

岡部藩――埼玉県深谷市。領主は安部（あんべ）氏、二万石。
半原藩――愛知県新城市富岡。

には「刈谷町限」と通用圏を記していますが、管理番号にあたるいろは順と数字の番号も、位置がばらばらです。慶応四年～明治三年の通用期間をもつ米札は、裏面に「刈谷限融通」とあります。

半原藩

慶応四年（一八六八）四月、武蔵《むさし》国*岡部《おかべ》藩は陣屋所在地の三河国八名《やな》郡半原を本拠地とし、藩名を*半原藩に変更しました。

岡部藩は摂津《せっつ》国桜井谷にも陣屋があり、安政四年（一八五七）には桜井谷米奉行を発行元とする銭札を発行していました。『藩札図録』上巻によれば、藩名を変更する以前にも「半原領内」を通用圏とする銭二四文札があったことがわかります。

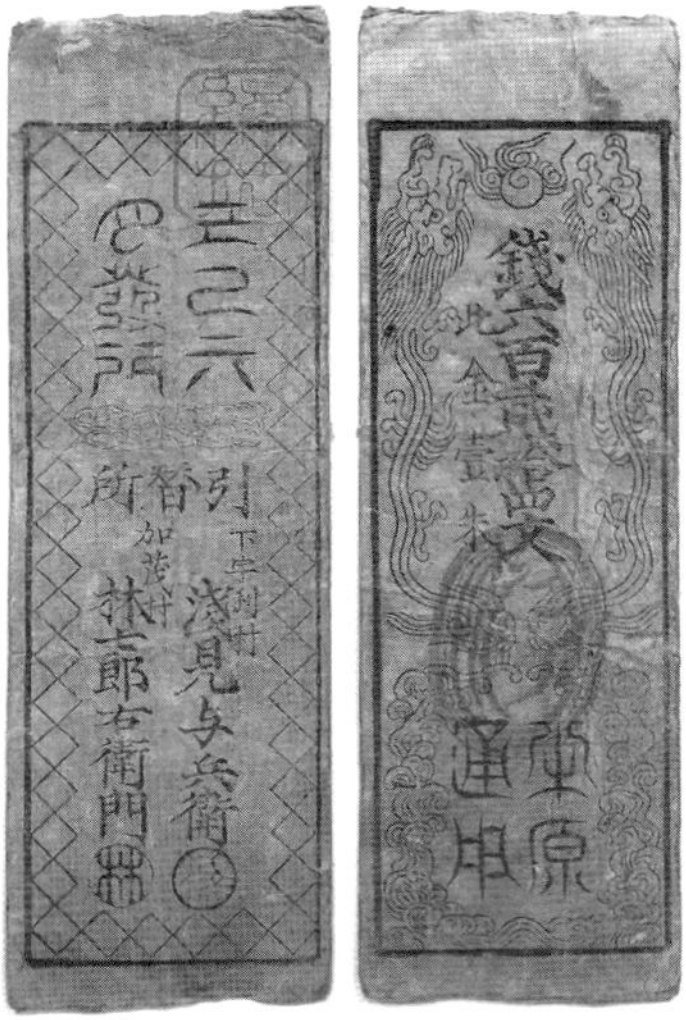

写真５　半原藩札（愛知大学綜合郷土研究所蔵渡辺家文書）
［銭六百貳拾四文札　11.2×3.5］

愛知大学綜合郷土研究所では、これまであまり知られていない次のような藩札を所蔵しています。それは、表面に「銭六百貳拾四文此金壱朱　半原通用」、裏面に「己巳（明治二年）六月発行　引替所下宇利村浅見与兵衛㊞・加茂村林七郎右衛門㊞」とある銭札です（写真５）。八名郡下宇利《しもうり》村と賀茂《かも》村は半原藩領、浅見・林は御用達でしょう。金額を計算すると、金一両＝銭一〇貫文になります。札の色はあせていますが、青札です。

共通点

ここで、以上の三河国内の藩札に関する共通点を挙げておきます。①安政六年（一八五九）に岡崎藩が米札を発行したことを除くと、西尾・挙母・半原藩では発行時期が不明です。②文久年間、すでに藩札が通用していた西尾・岡崎藩では新規の銭札、刈谷藩では米札を発行しました。このうち岡崎藩は小銭不足が発行の理由でした。③明治二年（一八六九）に西尾・挙母・半原藩では従来と異なる金額の藩札を発行しました。その際、西尾藩は銀貨表示を採用しました。④挙母・刈谷藩では贋札が発見され、藩札を交換、あるいは回収しました。

◉――江戸幕府の態度

江戸幕府が紙幣である藩札に対する態度を明らかにしたのは宝永二年（一七〇五）八月のことです。このとき、金札・銀札について、通用の開始時期と期間について諸藩に報告を求めました。その結果、宝永四年十月に金札・銀札・銭札が通用地域を越えて使用されることは不適当であるとして、通達後五〇日以降の通用停止を命じました。

この藩札禁止令は享保十五年（一七三〇）六月に変更され、江戸幕府は宝永四年以前から藩札を通用させていた場合は発行を認めました。ただし、領知高二〇万石以上は二五年、それ以下は一五年を通用期間としましたが、再延長を認めました。

宝暦五年（一七五五）四月になると金札の通用停止を命じ、同九年八月には銀札の新規発行と金札・銭札の通用期間延長を認めない姿勢に転じました。さらに寛政十年（一七九八）十二月には米札の新規・再発行を認めないとしました。こうした措置は、享保十五年六月から二五年が経過したことを契機に、藩札の抑制策に戻ったことを意味します。

こうしたなかで、江戸幕府は文政六年（一八二三）二月に紀州藩*に対し、銀札の通用を認めました。享保十八年（一七三三）に銀札の通用を停止していた紀州藩は、飛地*《とびち》である伊勢国松坂が伊勢神宮領と津藩*領で通用している銀札の影響を強くうけていることを申請理由としました。当初は許可しない方針であった江戸幕府は、右の特別な事情を考慮して許可したのです。もちろん、御三家*《ごさんけ》ということも背景にあったことでしょう。

江戸幕府は天保七年（一八三六）十二月、これまでの経緯をまとめたうえで、藩札の通用について次のように再確認しました。それは、近年藩札の取扱いが乱れがちになり、幕府の許可がないままに領主の判断だけで銀札・銭札を発行したり、米札・酒札などの紛らわしい名称を使っている。これまで同様、金札・銭札は通用禁止、銀札・米札は幕府許可済みに限定する、というものです。

紀州藩――和歌山県和歌山市。和歌山藩ともいう。五五万五千石。

飛地――紀州藩の場合でいえば、紀伊国から離れた伊勢・近江（滋賀県）国の一部にある領地のこと。

津藩――三重県津市。領主は藤堂氏、二七万石。

御三家――将軍の親戚筋にあたる尾張・紀州・水戸の三家。

五畿内――大和（奈良県）・山城（京都府）・摂津・河内・和泉（大阪府）のこと。

慶応三年（一八六七）八月二十二日、江戸幕府は兵庫開港にともない兵庫開港札と称する金札を発行し、五畿内《きない》*とその近国に限り金銀貨同様に通用させることを命じました。次いで同年十一月三日には三年間を期限とすることを通知しました。これが江戸幕府がはじめて発行した紙幣です。

二　幕末の銭貨不足

◉──江戸幕府の銅小銭回収

安政六年（一八五九）五月、江戸幕府は官服《かんぷく》・法度書《はっとがき》・雲上明鑑《うんじょうめいかん》・武鑑《ぶかん》・兵学書・城郭図と武具類、そして銅を外国人に売却することを禁止しました。軍事関係品のなかに銅が含まれているのは、*安政の五か国条約締結により始まった外国貿易のなかで、銅銭が中国に流失しているという現実がありました。その詳細は『図録　日本の貨幣』4に譲りますが、簡単にいえば、日本から銅銭を輸出して中国で*洋銀一ドルに交換すると巨額の利益を得ることができたからです。

江戸幕府は通用している銅小銭を回収するための触書を立案しました。文面は安政六年八月にできあがり、九月三日に江戸市中《しちゅう》へ伝達されました。その内容は、銅小銭一貫文を鉄小銭と天保通宝を合わせた一貫五四八文とで交換し、このうち持主に一貫五〇〇文、両替屋に手数料として四八文を渡す、というものです。

触書が出されると、江戸市中はもちろん、各地から銅銭が集まり、引替を担当する江戸の*金座《きんざ》役所における処理は停滞してしまいました。遠隔地から持ち込んだり、買い集めたりした引替希望者は特に困りました。加えて江戸市中が急に銭貨不足に

安政の五か国条約──安政五年（一八五八）に締結したアメリカ・オランダ・ロシア・イギリス・フランスとの間の修好通商条約の総称。実際の交易は、神奈川・長崎・箱（函）館の三港で、翌年六月から開始された。

洋銀──交易開始後、日本に持ち込まれたメキシコ銀貨。安政六年十二月に重さ七匁以上の洋銀に三分通用の刻印を打って国内でも通用させた。

金座──江戸幕府の勘定奉行の支配下で、金貨の鋳造と検査を担当。頭役は後藤氏の世襲。跡地には日本銀行がある。

銭相場——金一両が銭貨になおすとどれくらいに当たるかを示す。正しくは金銭相場。江戸幕府は慶長十三年（一六〇八）に金一両＝銭四貫文、天保十三年（一八四二）に金一両＝銭六貫五〇〇文と公定したが、実際には変動した。吉田・刈谷とも町庄屋が藩に報告しているが、決定方法は不明。

陥り、釣銭を用意できない小売商人は休業を余儀なくされました。銅小銭ばかりでなく四文銭《しもんせん》も出回らなくなりました。

鉄小銭が両替屋に渡されたのは安政六年十一月からのことで、この間の銭相場《ぜにそうば》*は金二朱＝八四〇文が八〇四文に上昇しました。幕府が鉄小銭と四文銭を増鋳した結果、十二月には銭貨不足は緩和されましたが、まだまだ不十分で、小売商人が元通りに商売することは簡単ではありませんでした。

安政六年九月五日付で右の銅小銭回収令は全国に触流されました。刈谷藩の御用達である和泉《いずみ》屋は自身の店用として記録していた「願書諸用留」に触書を写しました。あわせて九月七日頃に江戸から書状で届いたことを書き込み、内容を「銭買かへ」と要約しています。

『刈谷町庄屋留帳』は刈谷藩が通達した幕府触書を記録していますが、この回収令は見当たりません。しかし、和泉屋のように商売上のルートで触書の内容を知ることや、伝聞で情報を入手することは十分に可能でした。

銅小銭回収令の反映として刈谷町の銭相場をみると、次のような動向になっていることがわかります（表2）。すなわち、安政六年九月の

表2　刈谷町の銭相場（安政6年）

月　日	銭相場(金1両)	備考
正月3日	6貫800文	月並
2月	6貫800文	月並
3月	6貫800文	月並
4月	6貫800文	月並
5月	6貫800文	月並
6月	6貫800文	月並
7月	6貫800文	月並
8月	6貫800文	月並
8月	6貫850文	
9月	6貫850文	月並
9月4日	6貫800文	
9月	6貫750文	
9月13日	6貫700文	
10月	6貫700文	月並
10月20日	6貫650文	
11月	6貫650文	月並
11月	6貫600文	
12月	6貫600文	月並
12月8日	6貫550文	
12月	6貫600文	
12月晦日	6貫650文	

出典＝『刈谷町庄屋留帳』第16巻
月並は月初めに刈谷藩に報告される相場の書上。

金一両＝銭六貫八五〇文が、九月十三日に近国からの銭買取り防止を理由に六貫七〇〇文替に上昇しました。続けて十一月に六貫六〇〇文替、十二月八日に六貫五五〇文替と上昇し続けています。年末になってようやく六貫六〇〇文替と下降に転じたのは、銭貨不足が緩和されたためでしょう。

◉——吉田藩の撰銭禁止と銭津留

万延元年（一八六〇）三月、吉田藩*は領外・領内を問わず商品を移動させる場合は届出を必要とする津留《つどめ》*を命じ、取締りの担当役人を巡回させました。

閏三月十七日、吉田魚町《うおまち》の麻屋が耳白銭《みみしろせん》を詰めた四斗樽を船町《ふなまち》新兵衛方に積み出したという報告が町郡奉行《ちょうぐんぶぎょう》*にありました。町郡奉行が家老《かろう》に報告すると、家老から麻屋は御用達であるので勝手方*と相談するように命ぜられました。四月七日になって麻屋が津留違犯にあたる無届け荷物を受領していたことが判明しました。麻屋は単純なミスだとしてこれを反省する詫状と、最古参の御用達川越屋と奈良屋がこれを保証する書類、荷主の送状を勝手方に提出しました。関係書類はさらに勘定奉行*を経て家老が回覧したうえで、目付《めつけ》*の閲覧をもうけました。

事後処理として家老は勘定奉行に対し、麻屋には川越屋と奈良屋から今後は同じようなミスを犯さないように注意することと、勝手方との打合せを命じました。さらに町郡奉行に吉田宿*問屋《といや》との調整を命じました。

吉田藩——愛知県豊橋市。江戸時代後半の領主は松平氏、七万石。

津留——価格維持を目的とする。米価下落を防ぐため領内への米の搬入を禁止する入津留（いりつどめ）のような場合もある。

町郡奉行——寛延二年（一七四九）に三河吉田の領主になった松平氏の民政は、町方を町奉行、地方を郡奉行が支配した。宝暦十二年（一七六二）から兼帯が始まって町郡奉行の呼称ができる。町奉行所は町役所とも呼ばれ、町奉行の部下として町小頭—町方同心を配置した。

勝手方——勝手掛ともいい、藩財政の収支の両方を管理した。御用達の監督も担当した。

勘定奉行——財務、特に経理事務を担当した。

目付——いわゆる監察官。諸役人の綱紀粛正や津留掛のような監視業務を担当した。

吉田宿問屋——吉田宿を構成する二四か町のうち伝馬六町から選出され、問屋場において交通業務を管轄した。

撰銭――銭貨を品質別、銭種別により分ける行為のこと。ここでは、銭貨の船による積み出しの事前準備ととらえている。

銭津留――銭相場の上昇を防止するために銭貨を領外に持ち出すことを禁止した。

銭相場の引き下げ――銭貨の実質価値を低下させ、銭貨が領内に流入することを防ぐ対策。

銭相場の引き上げ――引き下げの効果は出たが、町方では銭貨を囲い持ちする現象が発生した。この結果が取引の停滞。

八月十三日、町郡奉行は次のような報告を家老に行いました。それは、勝手方から御用達を通じて吉田の町方と在中に*撰銭《えりぜに》と銭貨の船積み禁止を厳命する、八月十六日に在中にも*銭津留《ぜにつどめ》を命じる、麻屋が銭と米を船積みしているという噂があるので、取調べのために町同心を派遣する、*銭相場の引き下げを町方と吉田宿問屋に命じる、というものです。

　このうち、麻屋の船荷については問題ありませんでした。銭相場は七月十五日以降、金一両＝銭六貫五五〇文でしたが、八月十五日に六貫六〇〇文替に引き下げられました。こうした経過はすべて町郡奉行から家老に復命されました。一連の対応は、銭相場安定策というべきものです。

　右の銭相場はこののち数か月は維持されました。しかし十一月二十二日になって町郡奉行は町方からの次のような願書を家老に見せました。それは、銭相場をこれまで六貫六〇〇文替に固定してきたが、周辺での銭相場が吉田に比べて高いために取引が停滞気味なので、六貫五〇〇文替に引き上げたい、というものです。家老の同意を得て、十一月二十五日から*銭相場の引き上げが実施されました。実際、当時の刈谷町では一両＝銭六貫五〇〇文で、吉田に比べて銭高でした。

　銭相場をめぐる駆け引きが続いている間の万延元年閏三月二十八日、宝飯《ほい》郡篠束《しのづか》村にある天王社神主の本多出雲守《いずものかみ》が銅銭一〇貫文の献金願いを町郡奉行に提出しました。その用途は吉田藩の武器購入資金でした。銅銭の内訳は、文銭七貫三〇〇文、

中嶋金右衛門——東海道鳴海宿の下郷(しもざと)善右衛門と大久伝の中嶋金右衛門を引換所とする米代預銀一匁札がある。大久伝(おおくて)が沓掛新田の枝郷であることから、同一人物であろう。

耳白銭二貫七〇〇文です。

献金願いの時点では、撰銭禁止と銭津留は発令されていませんでした。しかし銅小銭回収令が触流されたことを知ったのでしょう。そのために銅銭を意識した行動に出たのかも知れません。鋳造時期が古い文銭の方が多いことから、退蔵されている銅銭が少なくないことがわかります。さらに撰銭して銭貨を保管していたことも推察できます。

●——広域化する銭津留と銅小銭の回収

岡崎藩では安政六年（一八五九）九月頃から、銭の両替と流通が停滞していることを認識していました。そこで万延元年（一八六〇）七月に、撰銭と銭の買い溜め、および大量の銭貨を領外に移動することを禁止しました。

刈谷藩でも万延元年八月に銭津留を発令したようです。それは『刈谷町庄屋留帳』に次のような銭荷物に関する町奉行所宛届書があるからです。すなわち、碧海《へきかい》郡重原《しげはら》村の川船渡船人が銭五〇貫文の刈谷領通過を報告しており、中島屋市兵衛が尾張国愛知《あいち》郡沓掛《くつかけ》新田《しんでん》の中嶋金右衛門*から銭七貫六〇〇文を預かっています。

銭の預け主の中嶋金右衛門が万延元年九月に次のような行動に出たことが『刈谷町庄屋留帳』に記してあります。それは、同年四

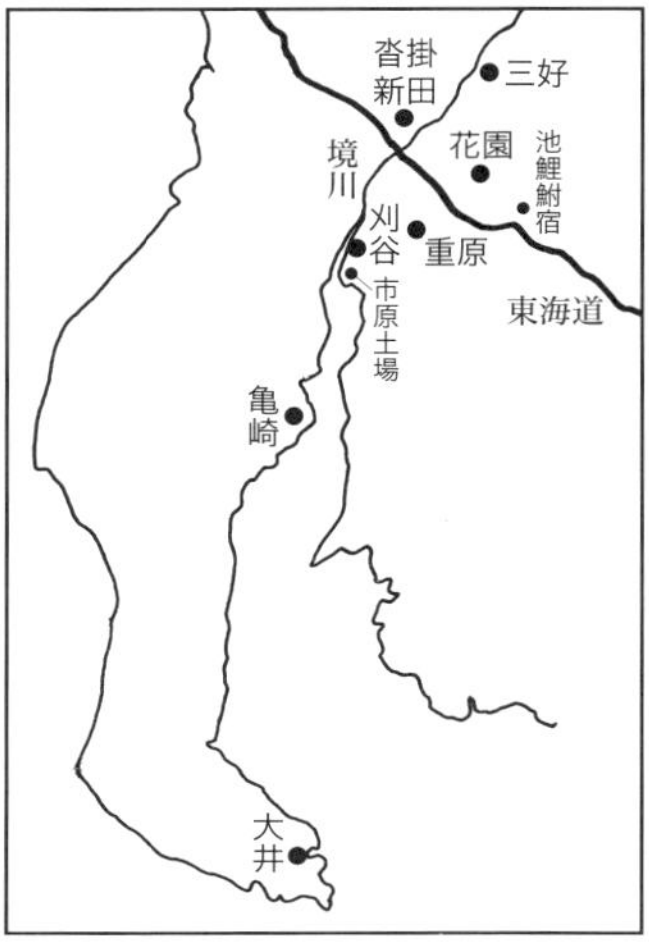

『刈谷町庄屋留帳』関連地名
（輯成20万分1図を基に作成）

一把――一貫文の銭は九八枚を中央の穴に、銭緡(さし)を通して保管した。これを一〇本分つなげたもの。
土場――河川の湊である河岸のこと。西三河で使われることが多い。
中泉――静岡県磐田市。
赤坂宿――愛知県豊川市。東海道の宿場。通用期限が「午(明治三年)十月限」の人足賃銭銭二〇〇文預札がある。
人気――人々の気配や気持のこと。

月に三河国三好・花園村の取引先で相模《さがみ》・遠江《とおとうみ》国での味噌用大豆の購入資金である銭八〇把(一把*一〇貫文入)と七貫六〇〇文を請け取った。しかし自宅に運んでは船積みに不便なので、刈谷町の中島屋市兵衛と川船渡世の嘉助に預けている。そこに刈谷藩の銭津留が発令された。両名に預けた銭を直ちに居住地に移動させるように刈谷町庄屋から命ぜられた。しかし銭を移動させては、運賃が発生する。そこで、格別の配慮でそのまま保管して、境川下流の市原《いちばら》土場*《どば》から積み出せるようにしていただきたい、というものです。これは、銭津留に応じて刈谷藩からの疑惑を避けようとする庄屋と、商売上の利便を確保したい商人との対立です。

遠江・三河国にある幕府領を管轄する*中泉代官《なかいずみだいかん》の出張《でばり》陣屋が東海道赤坂宿*にありました。そこから万延元年九月八日に次のような触書が出されました。それは、昨安政六年冬から銭相場が上昇して皆が困っているのは、宿場や村々の商人が自己の利潤だけをむさぼるために銅銭を集めて船積みしているからだ。これが原因で銭貨が不足して銭相場が上昇し、*人気《じんき》にも悪影響を与えている。今後、銭を積み出した者は厳罰にするので、このことを宿役人から周知徹底するように、というものです。つまり、出張陣屋である赤坂役所は、江戸幕府が出した銅小銭回収令が誘因となって銭貨不足が発生し、これが銭相場を上昇させていると判断したのです。銭津留を決定したのは、これを防止するためでした。

銭津留が広域化する状況を紹介してきたついでに、銅小銭回収が遠隔地に波及した一例を挙げておきます。

江戸時代の*飛騨《ひだ》国は一国天領といい、江戸幕府の飛騨郡代《ぐんだい》が高山に陣屋をおいて支配していました。この高山役所のもと、町政は町年寄が運営していました。

文久二年（一八六二）十二月、高山町のひとつである三之町の滑川屋は町年寄に対し、次のような一札を提出しました。それは、通用銭が払底《ふってい》したので、余裕がある場合は申し出るように指示された。しかし商売用の一三五貫文を持つだけで思いのほか余裕はない。そこで商売に差し支えない範囲で、天保銭を取り混ぜた三二貫文だけを供出したい、というものです。

さらに文久二年十二月十四日、高山役所は次のような触書を出しました。最近、耳白銭や四文銭の買い集め人に言い含められ、違法行為である手数料目的の撰銭をして銭貨を売却しているようだが、買い集め人については訴え出ること。

江戸に近い場所、あるいは交通の利便性の高い場所から徐々に銭貨不足が発生し、次第に遠隔地にも波及したようです。耳白銭ばかりでなく、*真鍮四文銭も買取り対象になっています。銅銭・真鍮四文銭の流通量が減り、*鉄銭の流通量が増えたことでしょう。

●——新しい四文銭

万延元年（一八六〇）十二月十七日、江戸幕府は銭貨不足の解消を促進するため

飛騨国——岐阜県の一部。郡代は代官より広域な幕領支配を担当する。

真鍮四文銭——明和~天明年間に鋳造した青銭と文政年間の赤銭がある。

鉄銭の流通量——銅小銭回収令により二一億一四二四万枚余の銅一文銭が回収された。『守貞謾稿』には「文久四当（文久永宝）を鋳る時、古来よりの小銅銭を官に買ひ集め、これをもつてこれを鋳るにより、文久後は海内小銭鉄のみとなり、銅小銭極めて稀となる」とある。

に精鉄《せいてつ》四文銭《しもんせん》の通用を開始しました。精鉄とあるのは、鉄銭での四文銭鋳造が初めてだったことから、素材が上質の鉄であることを強調したからです。幕府が四文銭にこだわった理由は鋳造費用が一枚当り三〜四文になり、一文銭では赤字になるからでした。中国への流出を防止するために銅小銭を回収した訳ですから、ここですぐさま銅を素材とした銭貨を鋳造することは政策の一貫性を問われることだったでしょう。

江戸幕府は精鉄四文銭の通用を告知した触書で、真鍮四文銭と取り混ぜるように命じましたが、すぐに真鍮四文銭が出回らなくなりました。そこで十二月晦日、真鍮四文銭の囲い持ちを禁止し、違犯行為を取り締まることを明言しました。

吉田の銭相場は、万延元年十一月二十五日の金一両＝銭六貫五〇〇文への値上げ後、十二月前半には六貫四五〇文替、文久元年（一八六一）正月は六貫四〇〇文替、同年二・三月は六貫三〇〇文替と幕末期のピークを示しました（表3）。いかに幕府が精鉄と強調しても、鉄銭と真鍮銭とでは、素材の価値が違うという庶民感覚がはたらいたのでしょう。幕府の囲い持ち禁止もすぐには効果がなく、銭貨の流通が閉塞し、その結果として銭相場が上昇したのです。それでも吉田の銭相場はその後は徐々に落ち着いた水準になり、

表３　吉田城下の銭相場
（万延元年７月〜文久元年）

年　月	銭相場（金１両）
万延元年７月	６貫600文
８月	６貫550文
９月	６貫600文
10月	６貫600文
11月	６貫600文
12月	６貫500文
文久元年正月	６貫400文
２月	６貫300文
３月	６貫300文
４月	６貫400文
５月	６貫450文
６月	６貫400文
７月	６貫500文
８月	６貫500文
９月	６貫500文
10月	６貫500文
11月	６貫500文
12月	６貫550文

出典＝『西村次右衛門日記』上・補遺

小銭相場――吉田の小銭相場の動向を示す史料は今のところ見つかっていない。さらに小銭と四文銭を別立ての相場とする場合もある。

文久元年七月以降は六貫五〇〇文替になりました。幕府の触書に加え、不評な精鉄四文銭だとしても実際にこれが供給された効果によるのでしょう。

この頃、吉田の町方は銭相場について町郡奉行を通じて次のように働きかけ、家老に否定されました。それは、文久元年五月十八日に町郡奉行が家老に提出した金一両について小銭六貫三五〇文替、天保通宝六貫五〇〇文替という町方からの報告書に関してです。この報告書を見た家老は類例の調査を命じました。そして岡崎・浜松で類例がないとわかると、これを却下しました。結局、町方から小銭・天保通宝とも六貫四〇〇文替に変更した報告書が再提出されたのです。

これには次のような背景がありました。天保通宝は、江戸幕府が天保十三年（一八四二）に公定した金一両＝銭六貫五〇〇文で通用していました。これに対し、小銭相場は変動相場でした。したがって小銭が極端に不足した場合には、*小銭相場と天保通宝の公定相場との間に大きな開きができてしまいます。そうした状況で小銭と天保通宝を一緒にして銭相場を決定すると、吉田の公式な銭相場が後者に引っ張られて銭安傾向を示してしまいます。そこで、吉田藩への届出も実態に基づいた別立ての銭相場を採用したいという町方の考えがあったのですが、実現しませんでした。

文久三年二月十日、江戸幕府は銅四文銭である文久永宝《ぶんきゅうえいほう》、いわゆる文久銭を新鋳し、これまでの銭貨と取り混ぜて通用させるように命じました。ついで二月十二日には、道中奉行に対し、五街道の宿々に文久銭の見本を置き、宿役人と金銭取扱人に周知させるように指示しました。

　ここへきて江戸幕府が方針を転換して銅銭を新鋳した理由については、『図録日本の貨幣』4に指摘があります。そこでは、中国国内の情勢変化により日本からの銅銭流出が減少したことを挙げています。このほかに、精鉄四文銭に対する不評もあったでしょう。何より銭貨と言えば、銅銭だというこだわりを考慮に入れておく必要もあるでしょう。

三　吉田藩の銭札・米札と宿場札

◉——小銭不足による発行

文久元年（一八六一）十二月二十五日、吉田藩の町郡奉行《ちょうぐんぶぎょう》は次のような出願があったことを家老に上申しました。すなわち、小銭《こぜに》が底をついて住民は困り切っているが、こうした状況に対し岡崎・西尾の城下や御油《ごゆ》*・赤坂宿では銭札をつくってそれぞれの役所の許可だけで、領内限り、宿場限りで通用させているので、吉田も同様にしたい、というものです。これに家老が賛意を示して勝手方に銭札の担当を命じると、御用達と吉田宿問屋《といや》に直接の発行事務を命じることにしたと家老は復命されました。

吉田藩では、十二月二十七日から二四文と一二文の銭札の通用を許可し、翌年三月を期限としました。その後、二種類だけでは枚数不足であるとの報告があり、文久二年正月七日に五〇文札を追加発行しました。御用達が取り扱った二四文札の裏面には、「御用達世話方」という角印と、「戌（文久二年）三月限」

御油宿——愛知県豊川市。東海道の宿場、幕府領。御油宿人馬継所を引換所とする人馬賃銭四八文預札や御油駅伝馬所を引換所とする人馬賃銭引換切手銭一〇〇文預札がある。

渥美郡羽田村——豊川下流左岸に位置する。馬見塚・野田・吉川・三相村と共に吉田方五か村の一つで、吉田町に近接する。明治十一年に花ケ崎村と合併し花田村の一部となる。

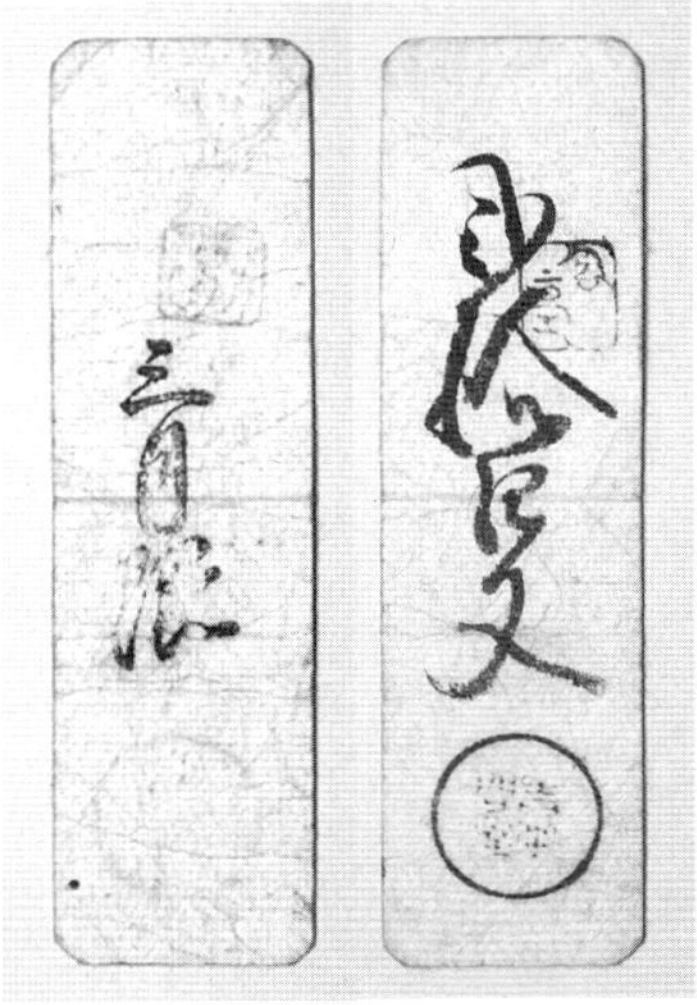

写真6　吉田藩札（日本銀行金融研究所貨幣博物館蔵）
[吉田問屋銭貳拾四文札　9.9×2.7]

羽田野敬雄——寛政十～明治十五年。宝飯郡西方村（豊川市御津町）生まれ。文化十五年に羽田野敬道の養嗣子となる。本居太平、平田篤胤らに入門。嘉永六年に公共図書館の先駆けとなる羽田八幡宮文庫を設立した。

萬歳書留控——文化八～明治四年の記述があり、全八冊。刊行時の総称が『幕末三河国神主記録』。

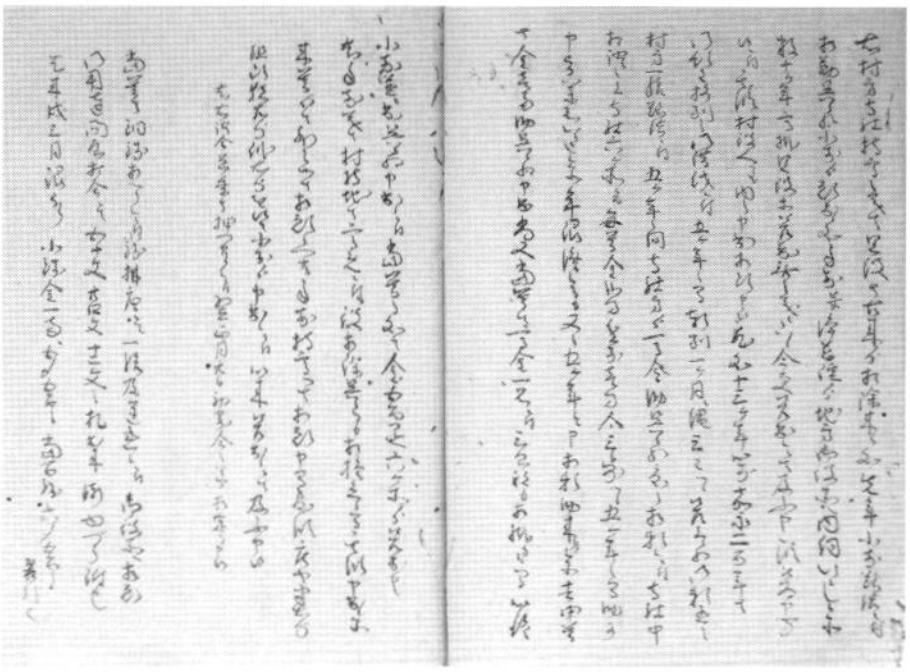

写真7　羽田野敬雄「萬歳書留控」（豊橋市中央図書館蔵）

という通用期限が記されています。吉田宿問屋のそれには「吉田問屋」という丸印が表面に押捺してあり、裏面には「三月限」とあります（写真6）。

吉田藩が銭札の取扱いを分けたのは、町方を御用達、宿方を問屋に担当させたことによるのでしょう。ちなみに『図録　日本の貨幣』6では、問屋発行の銭札は宿場札として分類されています。出願から通用開始までが二日間と短時間だったのは、事前の調査や根回しが済んでいたからでしょう。

*渥美《あつみ》郡羽田《はだ》村にある羽田八幡宮の神主*羽田野敬雄《はだのたかお》は、日記「*萬歳書留控《ばんざいかきとめひかえ》」のなかで銭札通用について次のような記述を残しています。それは、今年の暮は銅銭が減少して底をつき、一同が迷惑したので役所に出願し、御用達と問屋の打合せで五〇文・二四文・一二文の銭札をつくり、ようやく融通がついた。文久二年三月までの通用で、金一両の銭相場は小銭が五貫五〇〇文替、天保通宝が六貫五〇〇文替である、というものです（写真7・表紙口絵）。

小銭と天保通宝とを別立てにした銭相場については、文久元年五月十八日に家老に却下されましたが、吉田藩に報告されないだけで、吉田の町方では実施されていたのです。その時点では金一両が小銭で六貫三五〇文替、天保銭で六貫五〇〇文替となっていて、銭一五〇文分の差がありました。それが同年暮にはその開きが銭一貫文分になっているのです。年末になり小銭が圧倒的に不足した結果です。

写真8　吉田藩札（豊橋市美術博物館蔵橋良文庫写真資料）
[吉田国産　價貳拾四文札　10.4×3.15]

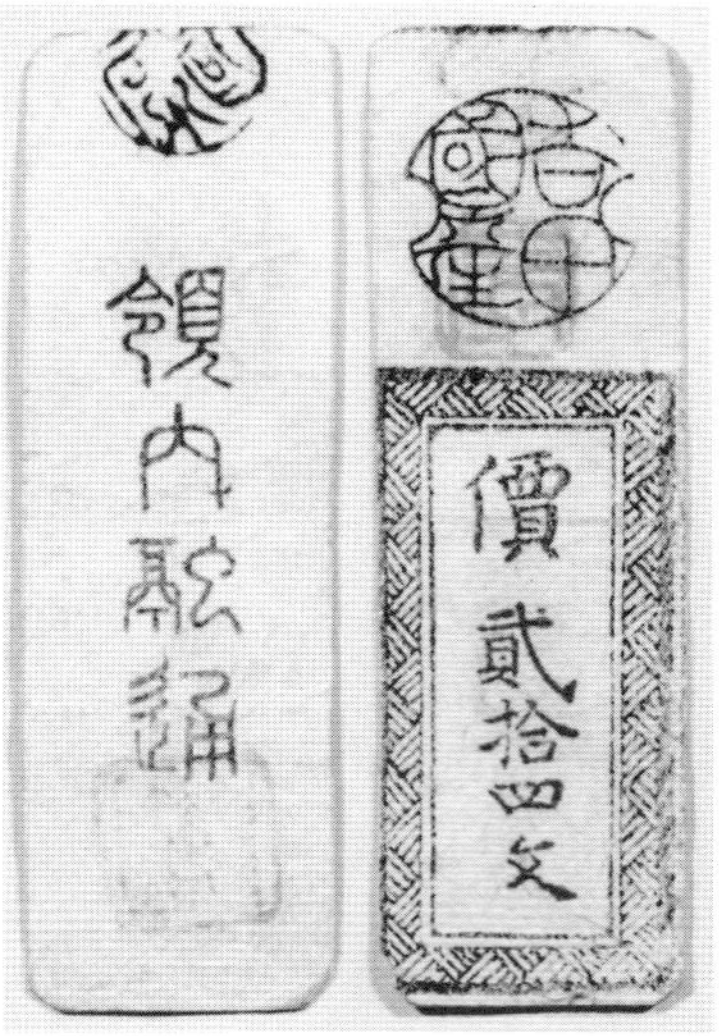

松平信古――最後の吉田藩主。嘉永三年（一八五〇）に相続し、安政六年に寺社奉行、文久二年に大坂城代となる。元治元年には名乗りを伊豆守から刑部大輔に改め、慶応四年に本来の姓である大河内にもどる。明治二年の版籍奉還と同時に吉田が豊橋に改称され、豊橋藩知事となる。

大坂城代――大坂城に詰めて西国大名の監視にあたる幕府の要職。この後、京都所司代を経て老中に就任するのが幕閣への出世コース。

文久二年六月晦日《みそか》、在府中の吉田藩主*松平信古《のぶひさ》は大坂城代に任ぜられました。九月二日に江戸を立ち、途中の九月九日に吉田で一泊し、同月十九日に大坂に到着しました。藩主の*大坂城代就任にともない、家老の西村次右衛門も大坂に赴任することになり、九月十九日に吉田を出発して同月二十五日に大坂に着任しました。これにより、吉田と大坂の間は御用状《ごようじょう》と呼ばれる往復文書で情報が交換されるようになりました。『西村次右衛門日記』には大坂の記述が詳細になる反面、吉田に関する情報は簡単になっています。

文久三年正月十日、吉田から大坂に向けた同月五日付の御用状が到着しました。そのなかに、文久二年の年末も前年と同様に小銭の流通が悪いので二四文の米札をつくり、通用させているという報告がありました。

この米札とは、表面に丸印で「吉田国産」、その下に金額「價　貳拾四文」とあり、裏面に「領内融通」と押捺された藩札のことでしょう（写真8）。前年の銭札と同じだとすれば、文久三年三月までが通用期限になりますが、詳細は不明です。

◉――銭貨不足の理由と対策

文久元年（一八六一）、同二年は年末に銭貨が不足して流通が閉塞しました。そ

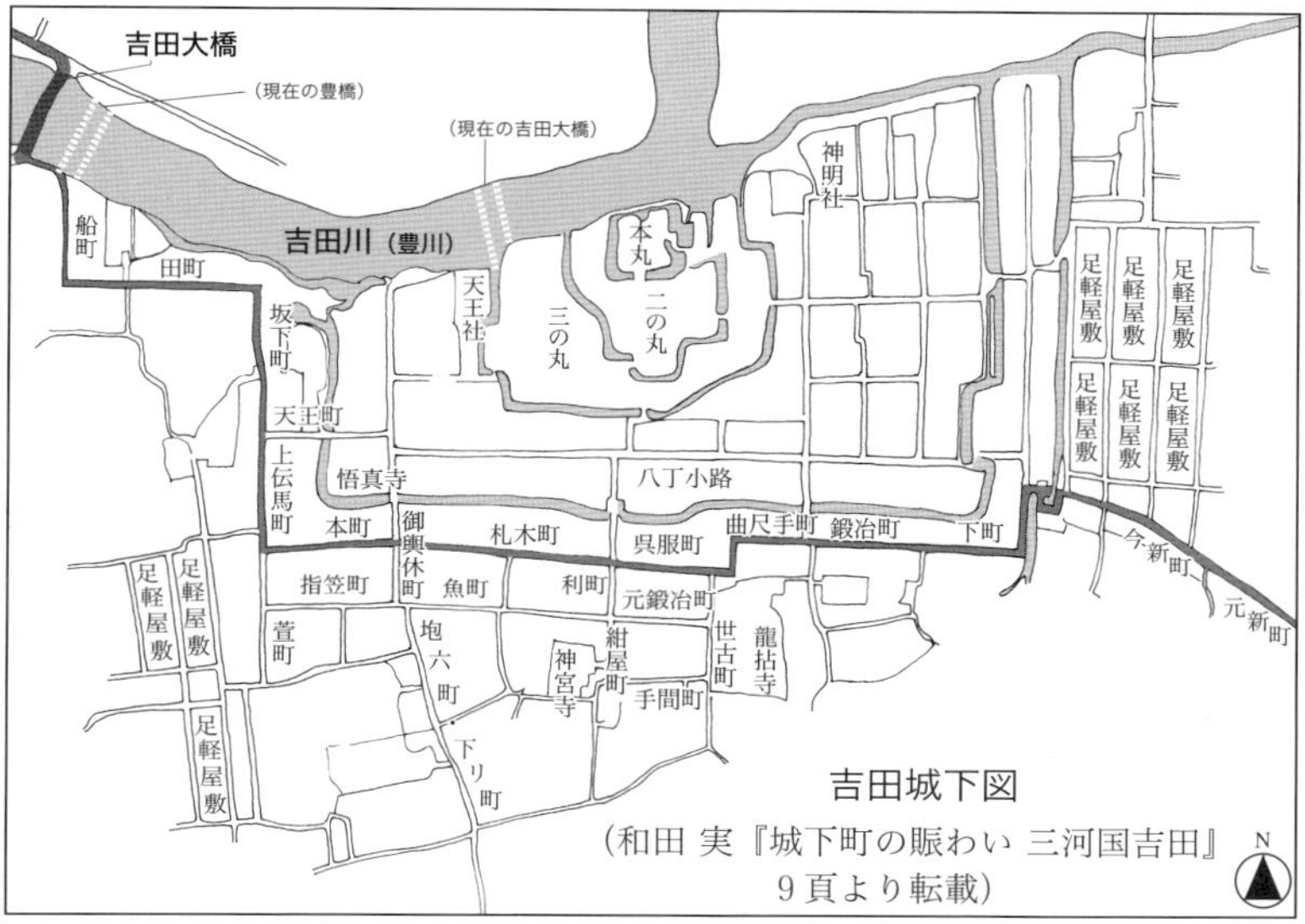

吉田城下図
（和田 実『城下町の賑わい 三河国吉田』9頁より転載）

筆子――寺子屋で学ぶ子供。

の背景として、江戸幕府の銅小銭回収の影響や精鉄銭の不評を挙げることができます。このほか、盆・暮の年二回、あるいは暮の年一回に商品代金を精算する節季払《せっきばら》いという江戸時代の支払い方法も考慮する必要があります。なぜなら、とくに暮、すなわち年末になると銭貨の需要が高くなるからです。

ここで吉田の町方に近い羽田村の浄慈院《じょうじいん》に即して、節季払いのことを説明します。これには商店が浄慈院を訪れて集金する掛け取りと、住職の弟子や筆子《ふでこ》*が吉田に出かけたついでに商店で支払う掛け払いとがありました。こうした取引は「通《かよい》」と呼ぶ帳面に記入します。集金や支払いは七月十一日と十二月二十七日を挟む前後数日の間に行われました。ただ、暮は翌年正月に繰り越す場合もあります。年越しの準備などに追われ、手が回らないからでしょう。（以下、地名については吉田城下図を参照）

まず、懇意にしている商人との取引を「浄慈院日別雑記」から紹介します。上伝馬町《かみでんまちょう》の鉄物屋平次郎*では針金・釘・蠟燭《ろうそく》立・小刀・ヤスリ・蝶番《ちょうつがい》など、雑多な金物を購入しました。この取引での掛け取り日と支払金額の判明分を示し

鉄物屋平次郎——屋号を笹屋、地誌『三河国名所図会』の著者夏目可敬。
雪隠——トイレ

表4　上伝馬町鉄物屋平次郎の掛け取り

	盆	暮
文政12年(1829)	7月11日	12月晦日 金1分銭386文
天保2年(1831)		12月27日
8年		12月27日
10年		12月27日
13年	7月11日	12月27日 金2朱銭丁50文
弘化元年(1844)		12月26日 金1分
2年	7月11日	
嘉永4年(1851)	7月11日 銭131文	

出典＝『豊橋市浄慈院日別雑記』第1～3巻

ておきました（表4）。

次に羽田村内西宿《にしじゅく》の弥三郎との取引です。弥三郎は、天保二年（一八三一）十二月二十三日に番茶を販売している例がありますが、主要な商品は炭でした。そのため、暮の精算が多くなっています（表5）。文政十一年（一八二八）正月十二日は、前年十二月七日分の炭一俵代三九〇文の支払いです。

羽田村西方の下地《しもじ》村の材木商白木屋又吉との取引では、文政十一年十二月二十六日に金二分と銭一四一文、天保二年十二月二十九日に杉皮代、同十年七月十一日に金一両と銭五貫九六〇文を支払いました。ただ最後の例では勘定書に記入漏れがあり、さらに金一分二朱と銭四一六文を追加で支払いました。

浄慈院では建物の修築を繰り返したため、右のような材木商との取引がその都度ありました。安政四年（一八五七）には味噌部屋・手習い部屋、それに下*雪隠《せっちん》を修築しました。そのため、七月十一日に下地村の白木屋万吉に金一両二分三朱余、河岸《かし》の綱屋又八に金二朱余、新河岸の某に金二分二朱余、天王町の白木屋惣兵衛に金一朱余を支払いました。

次に、天保年間のなかから数年を選んで取引を紹介します。天保二年十二月二十七日、浄慈院は弟子を遣わして弥七に金一分と銭五貫文を支払いました。同じ日に掛け取りに来た六郎兵衛には支払いを済ませました。同月二十九日に鍛冶《かじ》町の九郎右衛門に支払った鍬《くわ》の修理代二〇〇文は、八月二日の支払い不足

表5　西宿弥三郎の炭代精算

	盆	暮
文政11年(1828)	正月12日 銭390文	12月27日 銭400文
12年		12月28日
天保2年(1831)		12月27日
3年		12月晦日 銭1貫700文
8年	7月13日 金1朱	
13年	7月18日 金1朱銭72文	
弘化2年(1845)		12月26日 金1分2朱
嘉永4年(1851)		12月27日 銭932文
5年		12月26日 銭932文
安政2年(1855)		12月27日 銭916文
3年		12月23日 銭516文
慶応元年(1865)	7月13日 銭1貫100文	

出典＝『豊橋市浄慈院日別雑記』第1～3巻

分でした。

天保八年は七月十二日に呉服町の茶碗屋に去年六月分の茶碗代一一六文、曲尺《かねんて》手町の商店に金一分銭三九一文と銀二匁三分五厘と半紙一束代を支払いました。同月二十二日に掛け取りに来た西町白木屋源六に三尺杉皮代四両を支払いました。十月五日に下《くだ》り町の古物屋で下たらい一・櫃《ひつ》一・小鉢一を偶然にみつけて銭三七六文で購入しました。十二月二十九日には石屋に風呂くどの額薄石代金三十六匁、西町の箍《たが》屋に風呂桶の箍代を支払いました。この年は風呂を修理したのです。

天保十年十二月十九日に住職は筆子を連れて野川屋で正月用の半紙・墨・*元結《もとゆ》いなどを金三分二朱で購入し、同月二十四日には筆子を使いにやって銭六七二文で指筆《さしふで》・巻筆・元結い二〇を購入させました。掛け取りとしては、二十八日に美濃屋に金一分と銭五〇〇文、二十九日に魚町の弥平に金三朱と銭二貫四六文を支払いました。

このように支払いに際して、特別に銭貨を用意する必要がなかったのは、浄慈院の主な収入源が吉田の町方や周辺の住民から銭貨で志納される祈祷料だったからです。このことは羽田村でも知っていて、小額金貨の両替を依頼しています。嘉永五年（一八五二）十二月二十二日、羽田村の会所にいるアルキ*から金二分の両替を依頼されると、浄慈院では銭三貫三五〇文を渡しています。

元結い——もとどりを結ぶ細い糸。

アルキ——アリキともいう。行事の伝達、年貢の徴収、触書の順達などにあたった。

運上――江戸時代の雑税のひとつ。此場合は商人に対する営業税の意味合いが強い。

銭買い――江戸時代の銭貨は売買される商品でもあった。銭買いの際には買い手が手数料を支払った。

浄慈院のように銭貨の蓄えが比較的潤沢だった場合は、手持ちの分で用が足ります。しかし、年末用に大量の銭貨を用意するとなると大変です。そうした事例を刈谷藩で示します。同藩では年末用の銭貨を御用銭と呼び、金一〇〇両分を御用達に用意させていました。しかし銭貨不足に銭津留が重なると、これが困難になりました。『刈谷町庄屋留帳』には御用達の和泉屋が万延元年（一八六〇）十一月に月番庄屋に提出した次のような願書があります。それは、刈谷藩の諸役所と家中で使う御用銭は、和泉屋が知多半島の亀崎・大井村で銭貨を購入して調達してきた。しかし各地で銭津留があり、十一月上旬に江戸に注文した冬用の御用銭一〇〇両については金一両につき銭六貫文替となっており、これに要する運賃を考えるとあきらめざるを得ない。これに対し、尾張やその周辺では金一両につき六貫三〇〇文替であるが銭津留中で、御用銭ばかりか自分用の釣銭も用意できない。この際、近隣の領主が行っているように刈谷町商人全員に対する御用銭の割当をお願いする。そうなれば割当分を運上《うんじょう》*と心得て、商売は休むことになっても御用銭は納めるつもりである、というものです。

　商品流通の進展は遠隔地にまで銭貨を行き渡らせ、末端に滞留している銭貨を城下町商人が銭買い*に出掛けて環流させるという仕組みができあがっていたようです。しかも願書によれば、一般的な事例だったようです。銭津留は、銭貨を環流させる仕組みを阻害する要因になったのです。

●宿場札

文久二年（一八六二）正月十日、二四文・一二文の銭札通用を出願した東海道*新居宿《あらい》は、これが領主である吉田藩の家老によって認められました。通用期限は吉田同様、当初は文久二年三月までと決められていましたが、同年九月まで延長されました。

このことは『*西村次右衛門日記』から判明したもので、願書の内容は不明です。しかし、吉田における通用がきっかけとなり、新居宿での通用がはじまったことは間違いないでしょう。通用期限後の延長については、「新居町方記録《あらいまちかたきろく》」に次のような内容の願書が記録されています。

すなわち、文久二年十一月の*町役所宛願書によれば、新居宿では小銭がなくなり住民が困っていたが、銭札が通用し買物や両替に便利であった。しかし九月に停止されると元通りに戻り、人馬賃銭や住民の支払いが滞るようになった。そこで来年五月までの通用再開をお願いしたい。なお、銭札引替所の運営は、宿内が申し合わせて十分に注意する、というものです。

この願書が認められた後は、新居宿では期限が来ると通用の延長を町役所に繰り返し出願し、慶応元年（一八六五）十一月まで銭札が通用しました。このうち、文久三年五月に出願して同年十月まで通用した二四文札は、表面に「亥十月限　預弐

新居宿――静岡県湖西市。東海道の宿場。幕府領であったが、元禄十五年（一七〇二）に宿場の東端に位置する今切関所の管理を幕府が吉田藩に命じたことから、周辺八か村とともに吉田藩領となる。

西村次右衛門日記――筆者は安政二年（一八五五）から吉田藩家老を勤めた西村為周。明治二年の職制改革では役名が大参事となる。史料名は「公私日記」。

町役所――新居宿が吉田藩領になると、吉田藩は宿内に町奉行所を設置した。この新居町奉行所を町役所と呼んだ。新居宿から町役所への諸願・届や町役所からの通達、今切関所との応答などを記録した「諸事控」などの総称が「新居町方記録」。

写真9　東海道新居宿札（日本銀行金融研究所貨幣博物館蔵）
［預貳拾四文札　10.8×3.3］

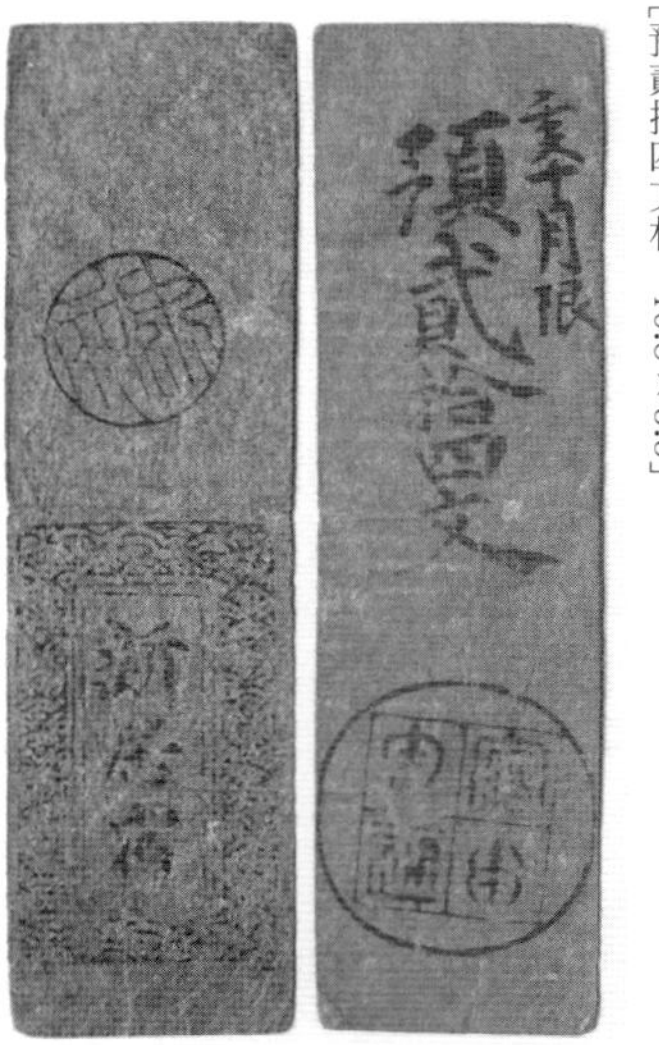

拾四文」と通用期限と金額が示されています。金額に「預」の文字が入っていることから、新居宿で通用した銭札は、宿場札の一種である人馬賃銭預札であったことになります（写真9）。この宿場札は『図録　日本の貨幣』6では町村札として収録されています。

人馬継立《つぎたて》に従事する馬方《うまかた》や人足《にんそく》には、その日のうちに全額は無理でも一定額を仮払いしました。そうしなければ生活に困るからです。しかし岡崎宿でみたように、文久元年には銭貨不足が原因で賃銭支払いが困難になり、銭札が使用されました。こうした事例は街道筋で一般化しつつありました。

東海道*見付《みつけ》宿では文久二年正月の当番が「見付宿庚申講掛銭帳《みつけしゆくこうしんこうかけせんちょう》」に次のようなことを記録しています。それは、小銭と四文銭がどこかに買い込まれてなくなってしまったので、各家では商売にひどく困っている。江戸へも船で送ったようだ。その江戸では小銭が金一両に四貫五〇〇文替、見付では五貫五〇〇文替である。天保通宝は金一両に六貫六〇〇文替となり、これでは天保通宝が一〇〇文銭といっても八文の価値が減じて、*八八文の価値しかないことになる。宿場では精算に差し支え、問屋場で一枚が二四文の宿場札一万枚を製造して通用を開始した。*島田・*金谷《かなや》・*袋井《ふくろい》宿でも通用が始まった、というものです。

見付宿――東海道の宿場、幕府領。静岡県磐田市。通用期限を明治三年四月とした賃米一合札もある。

八八文――天保通宝は金一両＝銭六貫五〇〇文の銭相場であれば一〇〇文で通用した。しかし、ここへきて銭六貫六〇〇文となったため減価して八八文の通用となった。慶応三年には表7に示したようにさらに減価して八〇文の場所もあった。

島田宿――同右。静岡県島田市、大井川の左岸。「島田限」と通用圏を記した賃米五合札・同二合五勺札などがある。

金谷宿――同右。静岡県島田市。大井川の右岸、対岸が島田宿。

袋井宿――同右。静岡県袋井市。

参勤交代――大名が国元と江戸を一年ごとに往復する制度。寛永十二年（一六三五）の武家諸法度（ぶけしょはっと）で制度化されたが、文久二年（一八六二）に三年に一度の江戸在府などに変更された。

上洛――京都に行くこと。

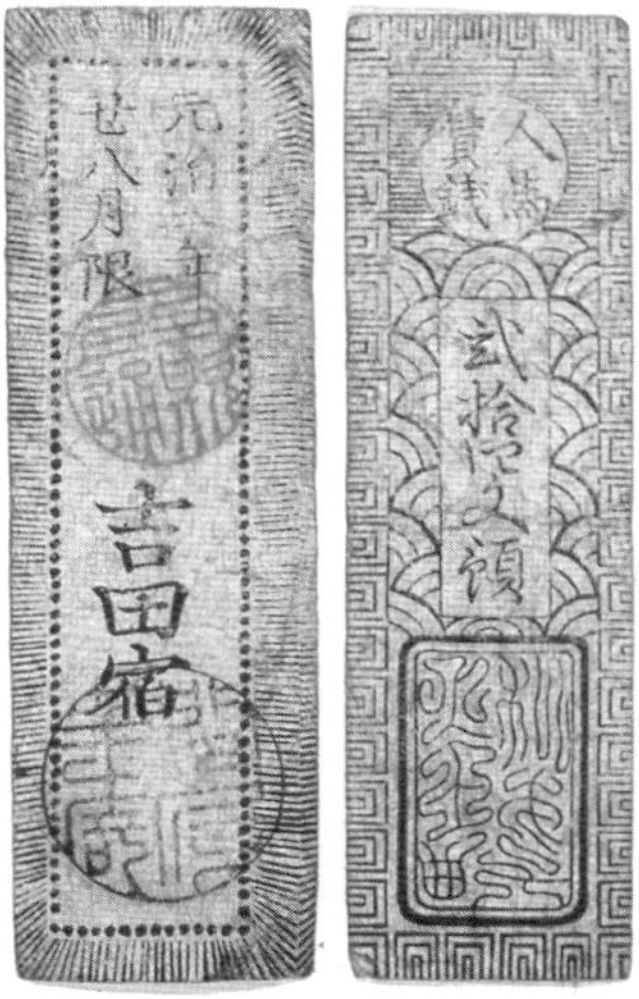

写真11　東海道吉田宿札（豊橋市二川宿本陣資料館蔵）
［人馬賃銭貳拾四文預札　9.0×2.8］

写真10　東海道吉田宿札（豊橋市美術博物館蔵橋良文庫写真資料）
［人馬賃銭貳拾四文預札　9.1×2.7］

吉田宿には二四文の宿場札が二種類あり、通用期限がそれぞれ「甲子歳八月限」（写真10）と「元治二年丑八月限」（写真11）です。「甲子歳」は元治元年（一八六四）にあたり、前年の文久三年から一年間通用し、さらに延長するにあたり新しい宿場札を発行したようです。

通用を開始した動機については関連史料がなく明確ではありません。しかし銭貨不足による人馬賃銭支払いの停滞に加え、文久二年閏八月の*参勤交代制度の緩和、翌三年四月の一四代将軍徳川家茂《いえもち》の*上洛《じょうらく》など、幕末の政治的混乱により交通量が増加する一方でしたから、支払いの停滞を緩和する宿場札の通用が当然視されたのでしょう。

宿場札の通用期限である元治二年は、四月七日に改元されて慶応元年になります。したがって吉田宿は慶応元年八月、新居宿は同年十一月、ともに慶応元年中に宿場札の通用が終わったことになります。

◉――歩増通用の問題点

慶応元年（一八六五）閏五月五日、江戸幕府は各地で銭貨不足が表面化している原因を次のように認定し、その対策を決定しました。それは、銅の価格が上昇した結果、銅銭とそれ以外の銭貨との釣合が崩れているので、真鍮銭・文久銭・銅小銭は＊歩増《ぶまし》通用を認め、天保通宝と鉄銭はこれまで通りとする。これは銭貨流通の安定化策であるので、両替屋は不正取引を止めるように、というものです。そして銅小銭のうち耳白銭だけは相応の代価で交換するので、両替屋へ提出するように、と追加しました。

触書のなかで疑惑対象とされた両替屋が次のような歩増相場を江戸幕府に提出したところ、そのまま採用されて閏五月十四日から適用されました。それは、一枚で四文通用の四文銭のうち真鍮銭は一二文、文久銭は八文、一枚で一文通用の銅小銭は四文、なかでも文銭と耳白銭は六文で通用させる、というものです（表6）。

渥美郡羽田村の浄慈院には、右の歩増通用令は閏五月二十一日、歩増相場は六月二日に届きました。このうち前者の記事のなかに次のような打こわし事件の様子が書き込んであります。それは、吉田垉六《ほうろく》町の中村屋が二川宿の馬方や＊雲助《くもすけ》により諸道具・着物・穀物商売用の家財を打ちこわされた。これには吉田宿からも打こわし参加者があり、中村屋には気の毒なことである。耳白銭の買い集めか、

表6　江戸幕府の歩増
（慶応元年閏５月）

種　類	歩　増
真鍮銭［４文］	12文
文久銭［４文］	８文
銅小銭［１文］	４文
文銭・耳白銭	６文
天保銭［100文］	100文
鉄　銭［１文］	１文
精鉄銭［４文］	４文

出典＝『幕末御触書集成』第４巻

歩増――通用を均衡させるために価値を割増すること。増歩ともいう。

雲助――街道筋で利用する駕籠をかつぐ交通労働者。

粉糠――小糠とも書く。大豆・飼葉とともに馬飼料のひとつ。

糠の押買い事件――万延元年閏三月十七日発生。吉田宿・同助郷の馬方などが買い占めを噂される穀物商に押し掛けて糠の購入を要求したが、拒否された。

地方役所――吉田藩の地方支配を担当する役所。郡奉行の部下として札元―代官―郷同心を配置した。

*粉糠《こぬか》の買い占めが打こわしの原因であろう、というものです。「浄慈院日別雑記」のなかで住職がこのように推測した理由は、万延元年（一八六〇）の銭津留や*糠の押買い事件、記入当日の歩増通用令があったからでしょう。

岡崎藩では、慶応元年閏五月十八日に歩増通用令と歩増相場をそのまま領内に通達しました。そして翌十九日には、銭の買い占めと他所への積出しを禁止し、銭の積出しを報告した者には褒美《ほうび》として銭荷物を与えることを明らかにしました。

刈谷藩では、六月十五日に幕府の歩増通用令を刈谷町に通知しました。そして歩増相場については九月二十一日になってから、幕府の意向と周辺の藩領との振り合いを理由に公表しました。

岡崎藩は万延元年七月とほぼ同様の対応であり、刈谷藩はしばらくの間様子をみてから決断という対応です。刈谷藩の場合、歩増に対する警戒感が強くあったようです。

慶応元年十二月十三日、吉田藩の*地方《じかた》役所は、江戸幕府が歩増して一二文と定めた真鍮四文銭を八文で通用させることを領内に通達しました。さらに翌二年二月四日には、一二文と定めた真鍮四文銭はこれまで通り八文としたままで、江戸幕府が四文と定めた銅銭を二文で通用させる廻状を出しました。

この廻状に関し、吉田魚町の安之助は新居宿庄屋格組頭の魚屋長七に対し、廻状の内容を通知する手紙を急送しました。そのなかで、歩増の引き下げに加え、文久銭と真鍮四文銭の赤銭は混用して八文通用であることを追加しています。吉田藩は、江戸幕府が採用した歩増にしたがうと、かえって銭貨の流通が混乱すると判断したのでしょう。

吉田藩が歩増の引き下げを通達している間の慶応二年正月十日、江戸幕府は歩増通用が中国筋で徹底されていないことを指摘し、この歩増通用令の遵守を命じました。江戸の両替屋が届け出た歩増相場は、江戸とその周辺の銭貨流通から導き出されたもので、各地の実態を反映していなかったのでしょう。

慶応二年二月十七日、赤坂役所は東海道*二川宿《ふたがわ》と*加宿《かしゅく》大岩村に対し、慶応元年閏五月に幕府が採用した歩増を厳守するように命じました。そのなかに吉田藩独自の歩増を厳しく批判する次のような内容が含まれています。それは、吉田宿周辺では一二文通用であるはずの真鍮四文銭が八文、四文通用であるはずの銅銭が二文で通用しているが、これはどこからの命令であろうか、もってのほかである、というものです。

宝飯郡国府《こう》村で呉服屋を営む中林恒助は「中興年代記」*のなかで慶応二年末の歩増通用について次のように記録しています。それは、文久銭は江戸から三河国までが八文通用、尾張国が七文通用、真鍮四文銭の青銭は東国筋《とうごく》では一二文通用であるが、一〇文や八文の場所もある、というものです。江戸の風俗を詳細に記録した喜田川守貞《きたがわもりさだ》*『守貞謾稿《もりさだまんこう》』にも同様の記事があり、ここでは江戸幕府の歩増を万民が

二川宿——愛知県豊橋市。東海道の宿場、幕府領。二川宿御伝馬所を引換所とする人馬賃銭四八文預札のほか、慶応二年（一八六六）三月を通用期限とする人馬賃銭二四文預札や預銭二〇〇文札などがある。豊橋市二川宿本陣資料館には宿札の版木（田村家文書）がある。

加宿——宿場が規定の人馬を用意できない場合に、その一部を補充する村。二川宿の場合は、規定の一〇〇人・一〇〇疋のうち、半分の五〇人・五〇疋を加宿が用意した。

中興年代記——文政元年（一八一八）～明治十五年の年代記。文政元年から記載があるのは、同年が著者の生年だからであろう。没年は明治二十九年。

守貞謾稿——「近世風俗志」の名前で一般に知られているが、その正確な書名。

服従せず、文久銭の八文通用や真鍮銭の一二文通用を遵守しなかったり、文久銭・真鍮銭をもともとの四文通用のままで遣《つか》っていたりしている、とあります。

幕府が採用した歩増は、やはり各地で守られることがなかった、というより、正確には実態とかけ離れていて守れなかったというべきかも知れません。こうした混乱が、江戸幕府が鋳造した銭貨に対する信用を失墜させたことだけは間違いなさそうです。この後、慶応三年に江戸幕府は歩増通用を停止し、天然相場*による通用を認めました。各種銭貨の相場は三上隆三『江戸の貨幣物語』が紹介しています（表7）。

表7　歩増停止後の天然相場

種　類	相　場
鉄　銭［1文］	1文
精鉄銭［4文］	2文
銅　銭［1文］	10～12文
文久銭［4文］	15～16文
真鍮銭［4文］	20～24文
天保銭［100文］	80～96文

出典＝三上隆三『江戸の貨幣物語』

◉新政府の紙幣

慶応三年（一八六七）十二月、一五代将軍徳川慶喜《よしのぶ》が朝廷に大政を奉還し、朝廷と薩摩*・長州藩*などの倒幕勢力で構成する新政府に政権が移行しました。史料上で「御一新《ごいっしん》」と表現される政治体制の変革です。

新政府は江戸幕府の政策を引き継ぎながら、独自の政策を実施することをめざしました。それは日本を安定的に近代国家として作り替え、交易をはじめた諸外国に対して統治能力があることを認識させるためでした。慶応四年二月、江戸幕府が通用を停止していた古金銀*を当分の間は相場通用としました。翌三月には、諸外国間の相場を参考に銅銭一文を鐚銭《びたせん》六文通用としました。その際、これは銅相場を利用して奸商《かんしょう》*が外国に銅銭を輸出していることへの防止策であると説明しています。鹿

天然相場――変動、または時価相場のこと。

薩摩藩――鹿児島藩ともいう。鹿児島県鹿児島市。領主は島津氏、七二万八千石。

長州藩――萩藩ともいう。山口県萩市。領主は毛利氏、二九万二千石。

古金銀――江戸幕府が鋳造した慶長金銀以降の貨幣のこと。

奸商――不正行為をはたらく商人のこと。

仕法替え――仕法は仕方とも書く。方法・手段の意。ここでは政策変更のこと。

戊辰戦争――旧幕府軍と新政府軍との内戦。慶応四年（一八六八）一月の鳥羽・伏見の戦い（京都府）から始まり、北越（新潟県）・会津（福島県）戦争を経て、明治二年（一八六九）五月の箱館五稜郭の戦いで終結。

列藩――諸藩と同じ。

拝借――財政状況の厳しい藩にとっては好都合な側面もあったが、ここでは金札の通用を促進するための強制貸付制度と理解すべきであろう。

表8　新政府の歩増
（慶応4年閏4月）

種　類	歩　増
真鍮銭［4文］	24文
文久銭［4文］	16文
銅小銭［1文］	12文
天保銭［100文］	100文

出典＝「新居町方記録」3
『新居町史』第7巻

野嘉昭『藩札の経済学』によれば、この鐚銭とは鉄銭のことで、右の政策は銅一文銭の価値が鉄銭六文に相当することを定めたものだとあります。

新政府は慶応四年四月に大坂に銅会所を設立して銅の管理体制を強化しました。閏四月には先に相場通用とした江戸幕府の鋳造貨幣について交換比率を決定しました。銭貨については、江戸幕府が採用した歩増相場を引き継ぐ形をとりながら、真鍮銭は二四文、文久銭は一六文、銅銭は一二文の通用とし、天保銭はこれまで通りとしました（表8）。

慶応四年閏四月十九日、新政府は紙幣である金札《きんさつ》を発行し、向こう一三年間（明治一三年まで）通用させることを布告しました。その目的は、富国の基礎を建てるために衆議を尽くし、一同の困窮を救助するためだと説明しています。しかし明治二年（一八六九）六月に金札通用の*仕法替《しほうが》えを実施した際には、御一新にあたり巨額の軍事費は当然のことと述べており、*戊辰《ぼしん》戦争を遂行するための軍事費調達が最大の目的だったようです。

通用にともない、*列藩に対しては領知高一万石につき金札一万両の*拝借を認め、返済は金札で一割ずつとし、その期限は金札の通用期限と同じとしています。京都・大坂とその周辺に対しては商売用の拝借、各地の農民・商人に対しては身元に応じた拝借を許可しました。各種の拝借は通用の促進策でしょう。

金札は慶応四年五月十五日から一〇両札・五両札・一両札・一分札・一朱札が通

打歩——歩増と同じ。

大河内家文書——旧藩主家に伝来した史料群。豊橋市美術博物館に寄託されている。

用しました。発行元が太政官会計局であったことから、これを太政官札《だじょうかんさつ》と呼びます。金札のなかでも一〇両札・五両札のような高額紙幣は使い勝手が悪く、加えて発足間もない新政府が発行した紙幣だけに信用が得られず、通用は容易に進みませんでした。

　新政府は慶応四年六月に*打歩《うちぶ》を禁止し、同年九月には租税や諸上納に金札を使用するように布告しました。しかしその際の但書《ただしがき》で、遠隔地で金札が行き届いていない場所は正金との取り混ぜも認めています。新政府自身が金札の通用実績が不十分なことを承知していたのでしょう。

　明治三年の*大河内家文書《おおこうちけもんじょ》「願伺届留」によれば、吉田藩では列藩拝借金として金札五万三〇〇〇両を借用しました。明治二年十一月二十日にその一割の五、三〇〇両を返済する予定でしたが、藩債の累積を理由にして返済猶予願いを提出しました。しかし明治政府からは翌三年正月二十日までの返済を命じられ、同月十八日に返済しました。

●米価永銭一〇〇文札

　慶応四年（一八六八）五月十五日、「御一新」にあわせて吉田藩では職制を改革しました。すなわちこれまでの組織に替え、藩主を補佐する執政局以下、藩校時習館を学事局、近代兵制を取り入れた軍事局、民政支配に当たる民政局、金銭勘定を担当する会計局、藩主の身辺を世話する内務局、吉田城を管理する寄合局、監察・取締りに当たる監察局に分けました。

　このうち、民政局は民政総裁の下、これまでの町郡奉行に相当する民政奉行が付属し、その配下として外部との交渉を国事方、交通と市中からの訴願・*人別《にんべつ》を町方、郡中からの訴願・人別と租税・河川堤防を郡方、新規開墾・運上・産物を国益方、警察を刑法方が担当しました。

　この職制改革は、これまでの役職名がそのまま残っていることから過渡的な性格が強く、その後も少しずつ改変されました。例えば、民政局の五分課のうち、郡方は明治元年（一八六八）十二月までに郡政方、国益方は時期は不明ですが産物方に改称されました。その後、産物方は明治二年三月までに生産方に再改称されます。

　慶応四年七月朔日、吉田藩は本格的な藩札発行に踏み切り、家中に対しては目付から口達し、町方と在方に対しては町郡奉行から次のような内容の触書を出しました。それは、このところ領内における小銭の流通が悪いので、引替所で銭札を発行する。引替希望者に対しては、正金一両＝銭一〇貫五〇〇文の比率で交換することにしたので、指定した吉田本町の兼子甚兵衛と長尾作兵衛、魚町の肴屋安之助と麻屋重四郎、下地村の直助のいずれかを利用するように、というものです。

　今回発行した米価永銭《べいかえいせん》一〇〇文札は、金額の表示から米札と呼ばれ、裏面に「引換米払所」とあります。木版と銅版の二種類があり、デザインは両方ともほぼ同様

人別——戸籍のこと。

地払い——藩に納入された年貢米を吉田で売却・換金すること。

龍拈寺留記——著者は不明。書名から龍拈寺（曹洞宗）に関係をもつ人物と推察される。寛延三年（一七五〇）～天明三年（一七八三）の吉田藩や吉田の動きや事件などを記録する。

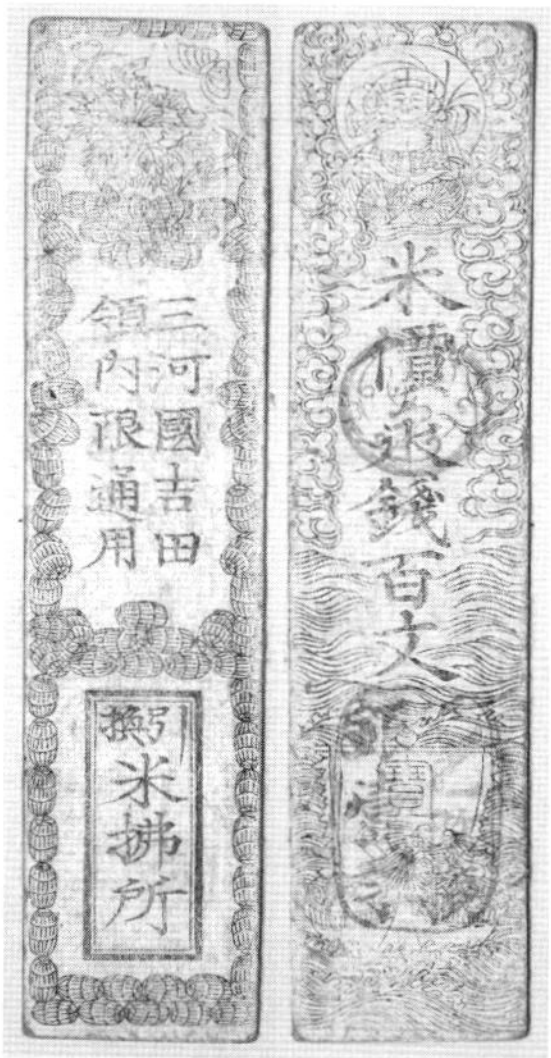

写真12　吉田藩札（日本銀行金融研究所貨幣博物館蔵）
［米價永銭百文札　木版　13.3×3.0］

写真13　吉田藩札（日本銀行金融研究所貨幣博物館蔵）
［米價永銭百文札　銅版　13.6×3.1］

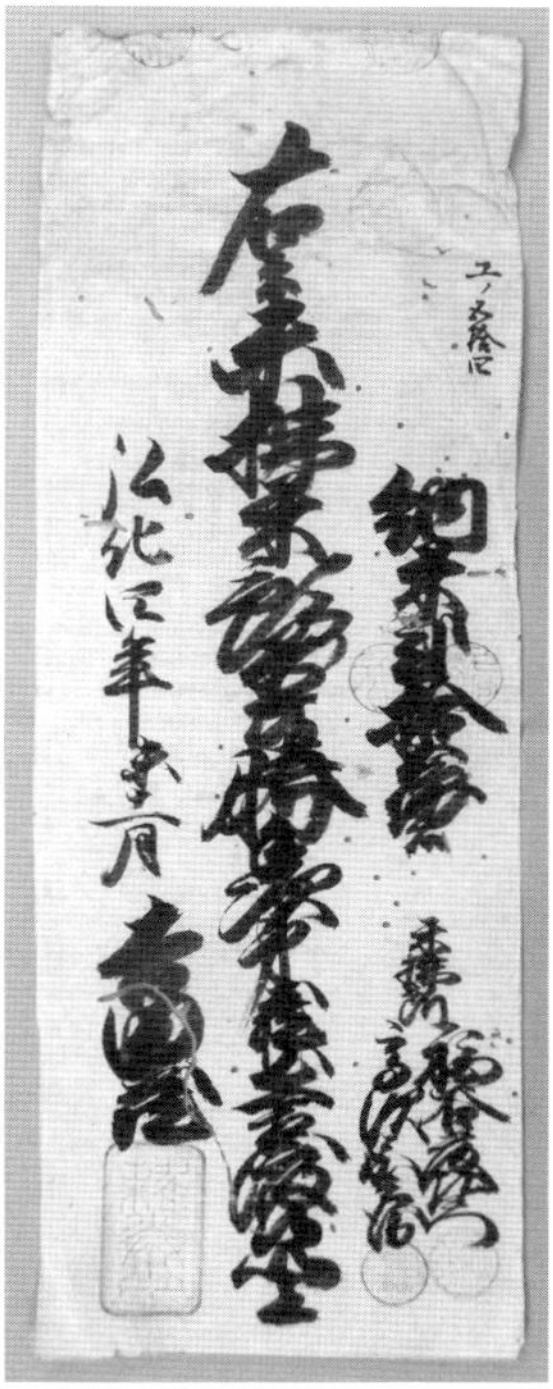

写真14　島田家文書「米払切手」（愛知大学綜合郷土研究所蔵）

で、通用圏はともに「三河国吉田領内限通用」です（写真12・13）。

米払所は吉田藩が年貢米を*地払《じばら》いするために設けた施設で、運営を任された御用達は自らの名前で米払切手を発行することができました（写真14）。「*龍拈寺留記《りゅうねんじとめき》」の安永四年（一七七五）の項に「御切手米売所」、「御札売所」とあるのが米払所にあたります。

『西村次右衛門日記』によれば、嘉永七年（一八五四）十一月九日に米払所について勝手方から次のような内容の報告があったとあります。それは、町方が物騒ななかで納金の時期が間近であり、何かと心配である。今年だけ

写真15　吉田藩札（愛知大学綜合郷土研究所蔵渡辺家文書）
[産物方銭四拾八文札　10.3×3.1]

安政の東海地震――嘉永七年（一八五四）十一月四日に発生したマグニチュード八・四の大地震。同年は十一月二十七日に改元され安政元年になる。この東海地震を含む安政伊賀地震（嘉永七年六月十五日、マグニチュード七・二）、安政南海地震（嘉永七年十一月五日、マグニチュード八・四）、安政江戸地震（安政二年十月二日、マグニチュード六・九）の四連動巨大地震を安政大地震と総称する。

という条件で取締りのために吉田藩が交付している家紋付の提灯を家の入口に夜間だけ点灯しておきたいと米払所年番の兼子甚兵衛が願い出ている、というものです。これに対し家老は、今年限り、しかも年番に限るという条件で許可し、これを勝手方から町郡奉行・目付に通知するように指示しました。これは、直前に発生した十一月四日の大地震、いわゆる*安政の東海地震による特例措置だと考えられます。

銭札の発行に関しては、その時期について不明の点があり、明確にできません。しかし発行元となった吉田藩の部署名から、産物方から四八文と二四文の銭札が発行されました（写真15）。その後、産物方が改称された生産方から一〇〇文の銭札が発行されました。

引替所に指定された五人のうち、吉田本町の兼子甚兵衛は川越屋、長尾作兵衛は奈良屋という屋号をもつ御用達です。安永九年の「吉田藩分限帳《よしだはんぶんげんちょう》」ではともに二人扶持《ににんぶち》を給せられています。このうち川越屋は、藩祖*松平信綱がはじめて城主になった武蔵国*川越時代から行動をともにしてきたという由緒があります。

嘉永七年（一八五四）の「吉田藩分限帳」のなかに、元治元年（一八六四）正月付の「御用達連名」があります。名前が見える三四人のなかの筆頭が代官順席・八人扶持の兼子甚兵衛、二番目が代官格・□（不明）人扶持の長尾作兵衛です。御用達の席次は、この二名に次いで、*小役人格、*御徒格《おかち》、*町在《ちょうざい》役人上格、町在役人格、御用達と続き、最末席が御用達並です。このなかで麻屋の席次は町在役人格、肴屋のそれは御用達でした。

麻屋は幕末の吉田で積極的に商売を展開したようで、「浄慈院日別雑記」には次のような記事があります。それは、慶応元年（一八六五）六月二十六日、吉田宿の札木《ふだぎ》に泊まった浪人者八人が麻屋に出掛け、交易が原因で諸物価が上昇すると脅したうえで、麻屋の蔵を封印して戸締めにした、というものです。しかも浪人者は交易している諸国商人の名簿を持ち、吉田城の大手門前で吉田藩役人と押し問答を繰り返しました。その後、吉田宿役人と麻屋に対し城内への案内を強要し、これを断ると彼らを縄で縛った、ということです。浪人者が金銭を得る目的で乱暴するという事例が各地であった時期です。浄慈院の住職が書き込んだ内容は若干の誇張は含まれているにしても、ほぼ事実に近いと考えてよいでしょう。

下地村の直助については、「新居町方記録」にある新居宿孫左衛門の町役所宛願書に名前が出てきます。これによれば、慶応三年二月に油津留中だった吉田から孫左衛門が伊勢国桑名で購入した灯《とも》し油五五樽を取り寄せ、その灯し油を下地村万屋《よろずや》直助に預けてあるということです。この人物が引替所に指定された下地村直助でしょう。

松平信綱――三代将軍家光に、はじめ小姓としてつかえ、ついには老中として幕政を動かした。その才能から「知恵伊豆」と呼ばれる。最初、三人扶持であったが加増され、寛永四年（一六二七）に一万石の大名、同十年に武蔵忍（おし）城主三万石になった。同十六年に川越城主六万石、正保四年（一六四七）には一万五千石を加増された。この後松平家は、元禄七年に下総（しもうさ）古河、正徳二年（一七一二）に三河吉田、享保十四年（一七二九）に遠江浜松、寛延二年（一七四九）に再び吉田に入り、幕末を迎える。

川越――埼玉県川越市。

小役人格――下級藩士のなかで主君に謁見できる目見(めみえ)以上に属する小役人と同等の待遇をうけることができる。

御徒格――下級藩士のなかで目見以下に属する御徒と同等の待遇をうけることができる。

町在役人格――町や村の庄屋と同等の待遇をうけることができる。

改元——慶応四年九月八日に明治と改元。

明治政府——これまで新政府としてきたが、改元後は明治政府と表記する。

上知——領地を返還させること。

上総国望陀郡——千葉県木更津市周辺。

駿府藩——静岡県静岡市。藩主は一五代将軍徳川慶喜の養子となった家達（いえさと）。七〇万石。

不埒——限度をこえて、けしからぬこと。

四　藩札の回収

●——明治二年の宿場札

慶応四年（一八六八）六月八日、新政府は駅逓《えきてい》改正仕法書を出し、江戸幕府時代の宿役人名称である問屋・年寄を廃止し、伝馬所取締役《てんましょとりしまりやく》以下の名称による交通業務の遂行を命じました。新居宿では新体制への移行が遅れ、改元*後の明治元年（一八六八）十月二十九日に配下役人の伝馬所取締添役《そえやく》・勘定役・定役《じょうやく》・人馬方頭取・馬支配・人足支配、翌二年正月に伝馬所取締役が決まりました。

この間の明治元年九月、新居宿周辺は明治政府*に上知《あげち》*され、吉田藩は替わりに上総《かずさ》国望陀《もうだ》郡*に六、六八〇石余を与えられました。これは、駿府《すんぷ》藩*の成立にともない、遠江国を同藩領に編入するための措置でした。これにより新居宿周辺は駿府藩領となりましたが、名称を今切関門《いまぎれかんもん》と変更した関所があったため、実際の支配は吉田藩が続けて命ぜられました。

明治元年十月六日、吉田藩の郡方役所は閏四月に明治政府が示した真鍮四文銭は二四文、文久銭は一六文、銅銭は一二文通用とする歩増を遵守するように命じました。羽田野敬雄は歩増が守られていないことを知り、これを甚だもって不埒《ふらち》*である、

駅逓司——民部省の一部局。江戸幕府の道中奉行にあたる。
市政役所——元の町役所のこと。
今切船会所——新居宿と対岸の舞坂宿を浜名湖上で結ぶ今切渡船の差配所。

と「萬歳書留控」に記しています。

明治元年十月、明治政府は金一両＝銭九貫六〇〇文の公定相場を決定し、同年十二月には金札の時価通用を認めながら、貢租《こうそ》などの納入に際しては、当分の間は正金一〇〇両＝金札一二〇両とすることを布告しました。これをうけ、翌二年正月七日に新居宿では正金一両＝銀六〇匁＝銭一〇貫六〇〇文、金札一両＝銀四八匁＝銭八貫四〇〇文の相場を町役所に届け出ました。この比率を換算すると、正金一〇〇両＝金札一二五両となります。同二年二月に明治政府は、諸上納物の金納は前年十二月に示した交換比率とするように再び命じました。

明治二年四月、明治政府の*駅逓司《えきていし》は、銅銭一枚は一二文通用とすべきところ、街道筋では八文前後で取引されていると指摘しました。その結果、新居宿は*市政役所から歩増を厳守するように伝えられました。ここでみた一連の経過から判断すると、庶民の生活にもっとも関係が深い銭貨の流通が、江戸幕府による歩増通用令以来不安定のようです。

今切関門を明治二年二月に廃止した明治政府は、六月二十六日に駿府藩を改称した静岡藩に対し、新居宿周辺の支配を命じました。実際の引き渡しは七月二十九日に行われ、十一月二十二日から浜松郡政役所の管轄となりました。

ちょうどこの頃、新居宿では*今切船会所《いまぎれふなかいしょ》を発行元とする米代銭二〇〇文札を作り、新居宿伝馬所を引替所として明治二年七月二十三日から通用するようになりました。

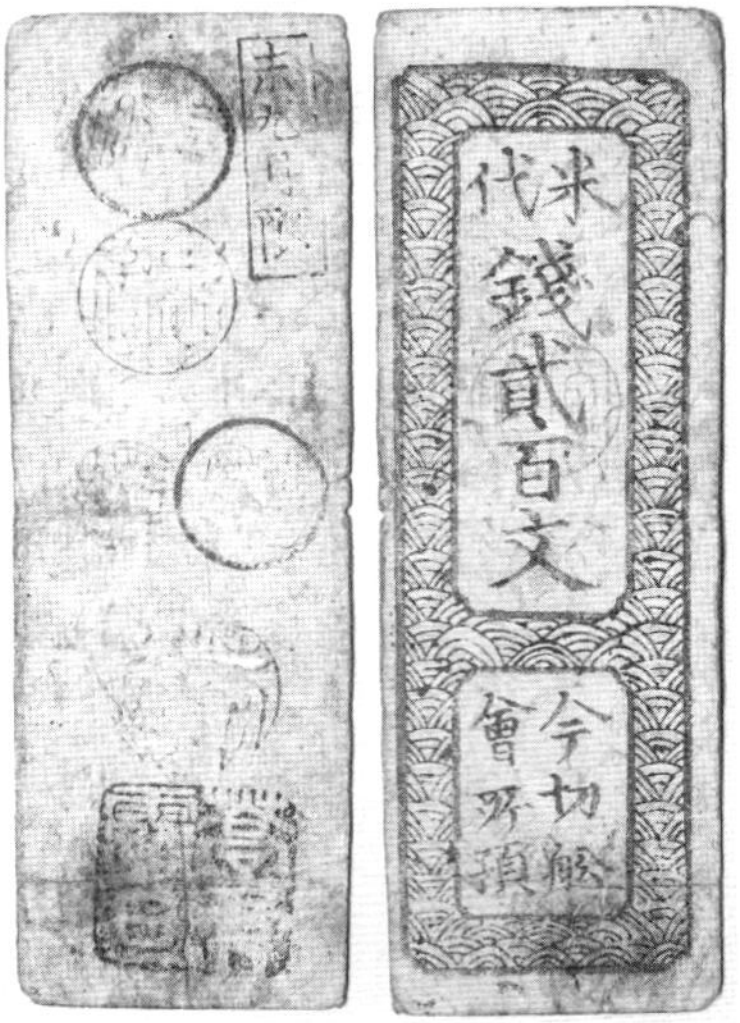

写真16　東海道新居宿札（日本銀行金融研究所貨幣博物館蔵）
［今切船会所預米代銭貳百文札　10.0×2.7］

写真17　東海道新居宿札（湖西市新居関所史料館蔵）
［米價銭百文札　10.6×2.9］

この宿場札は渡船方米札《とせんかたこめさつ》と呼ばれ、表面に「米代銭貳百文今切船会所預」とあります（写真16）。この宿場札は、『図録日本の貨幣』6では町村札として収録されています。

明治二年七月、明治政府は金一両＝銭一〇貫文の公定相場を決定しましたが、両替屋などからは無視されたようです。そこで同年九月に明治政府は次のように命じました。それは、先に布告した銭相場や銅銭類の歩増が両替屋によって守られないために、銭貨の流通が極端に停滞した。これを利用して真鍮銭の値増しがあるという虚説を流したり、私的な銭相場を建てたりした不法行為者を処罰したので、今後は公定相場を守るように、というものです。その際、地方官*の判断で両替屋以外にも当面は銭両替を認めることにしました。

明治二年十二月二十六日、新居駅伝馬所は助郷*《すけごう》村々に対し、米価銭二〇〇文札と同一〇〇文札の通用開始を通知しました。その際の廻状《かいじょう》には、二〇〇文札には平仮名で「あらゐ」の透かしがあること、一〇〇文札には赤紙を散らして漉《す》き込んであることが記されています（写真17）。これらはいずれも贋造防止のためです。裏面には「新居宿御伝馬所（印、温徳）」

地方官——明治政府が各地に派遣した役人。

助郷——公用通行が増大して宿場の負担能力を超えた際に人馬を提供する村々。

金一朱——米札の改印に銀一朱とあることから、書き間違いの可能性があるが、銀目の空位化、すなわち南鐐二朱銀の発行による銀貨の金貨建てが原因で、銀貨・金貨ともに一朱は単なる計算単位になったことによる結果とみたい。

とあります。「温徳」は、新居宿本陣の飯田武兵衛《いいだぶへい》の号で、伝馬所元締役をつとめていました。

●——米札の銀一朱通用と銭札の追加

東海道新居宿に視点を当てた明治元・二年の動向は、銅銭の歩増通用と金札の交換比率とが、ともに明治政府の決定と食い違うものでした。しかも銭貨の流通が停滞するという悪条件が重なりました。その結果が、新居宿における二種類の宿場札の発行につながったと判断できます。

吉田藩の米札・銭札に対する態度も、次のように変化していくことになります。明治二年(一八六九)三月二十九日、吉田藩は藩士に対し、次のように通達しました。それは、米札は領内通用を目的として発行したにもかかわらず、藩士のなかには米札による払米代《はらいまいだい》などの請取を拒否する動きがあるが、こうした行為は慎むこと、ただし旅行などの場合には米札を正金と交換する、というものでした。さらに四月十日には、銅銭・文久銭・真鍮銭の交換希望者は生産方改所に持参すること、米札が永銭一〇〇文通用では計算に不都合であるから、今月八日から金一朱*通用に変更するので、同改所で改印を受けるように、と指示しました。米札を忌避する藩士がいること、金額表示が不適切だったことがわかります。

領内に対しては、四月七日付で郡政方役所が次のように指示しました。それは、

刻付廻状——村々を順達する廻状のひとつで、到着時刻を記入するように吉田藩から要求された廻状のこと。

豊橋——吉田藩の挙げた豊橋・今橋・関屋の三候補から明治政府が決定。豊橋（とよはし）は豊川（とよがわ）にかかる吉田大橋の別称である豊橋（とよばし）にちなむ。今橋（いまはし）は室町～戦国期に使われた吉田以前の呼称、関屋は吉田大橋の架橋地点。

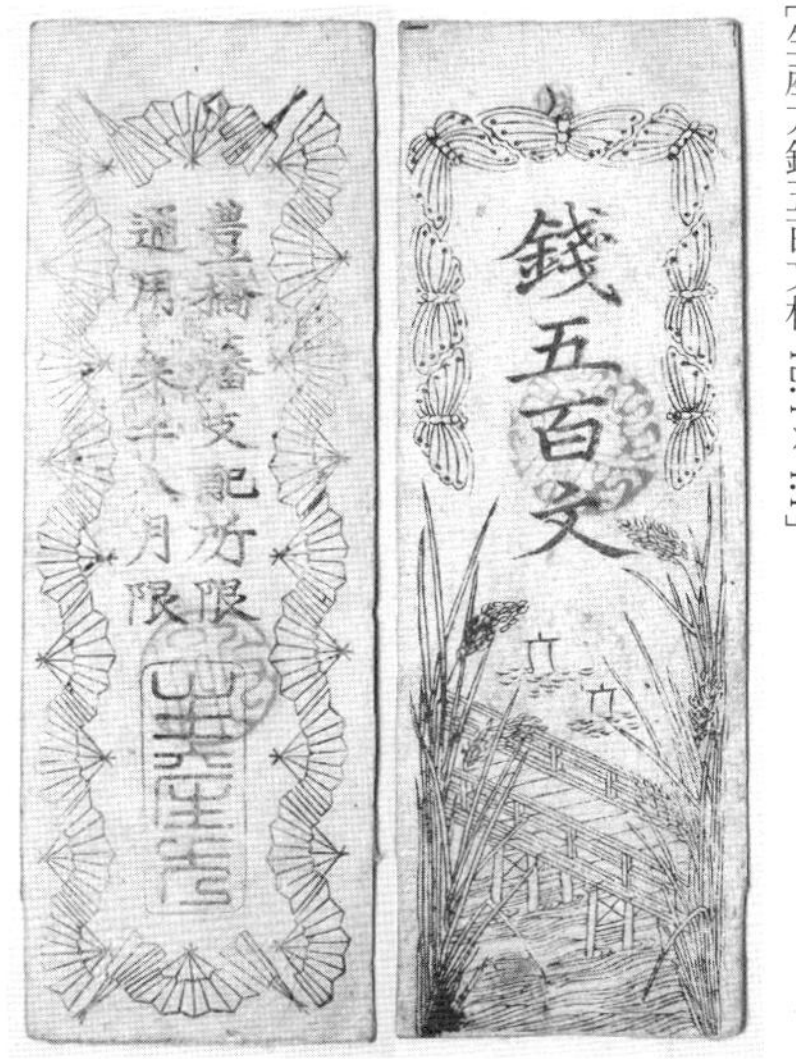

写真18　豊橋藩札（日本銀行金融研究所貨幣博物館蔵）
［生産方銭五百文札 12.4×4.1］

遠方への送金用や正金を必要とする場合は、米札を正金と交換するので、引換所の兼子甚兵衛・長尾作兵衛に申告するように。ただし交換は毎月三・八日の朝五つ（午前八時）から夕方七つ（午後四時）までとする。さらに米札が永銭一〇〇文表示では計算に不都合なので、四月八日からは銀一朱の通用に変更する。引換所において改印を受けるように、というものです。その際には永一〇〇文の割合で歩増を渡すと追加しました。ここでの歩増は、押捺を促進させるための手数料でしょう。

藩士宛と領内宛とでは、改印の表現に違いがありますが、現存する米札には「己巳（明治二年）改換銀壱朱」の青印が押してあります。浄慈院には四月十三日夕方に羽田村長全寺から*刻付廻状《こくづきかいじょう》で触書が届き、直ちに村内の金光寺に送りました。そのなかには右の銀一朱通用が四月八日からはじまることと、銅銭・青銭・文久銭の歩増は明治政府の布告を遵守するように求めたものがあります。

明治二年六月十九日、吉田藩は明治政府から*豊橋藩と改称するように指令されました。併せて職制を改正し、執政局・学校・民政局・会計局・軍務局・刑法局・監察方・内務方に変更しました。このうち民政局は、社寺方・郡政方・市政方・駅逓方・生産方・病院方の六分課です。

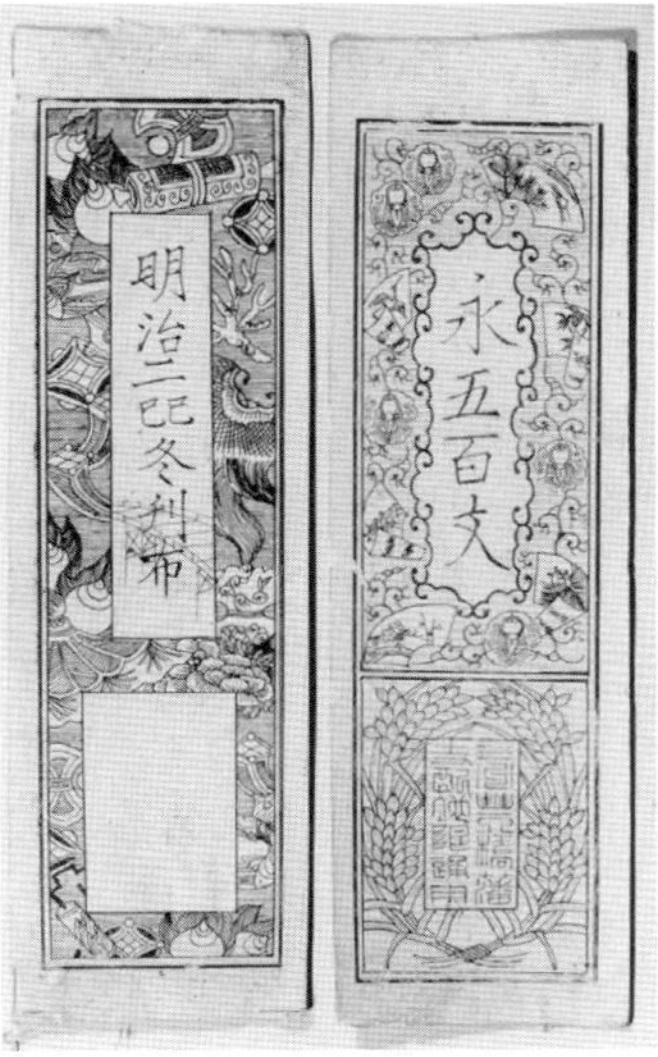

写真19　豊橋藩札（豊橋市美術博物館蔵橋良文庫写真資料）
［永五百文札（未完成札）14.0×4.15］

藩名の変更にともない、銭札については通用圏の表記が「三河国吉田領内限通用」、あるいは「吉田領内限通用」から、「三河国豊橋藩支配所限通用」、あるいは「豊橋藩支配所限通用」に改められました。同時に発行部署の改称も反映され、「吉田」を使用した物産方の銭札から、「豊橋」を使用した生産方の銭札に変わりました。

豊橋藩は九月七日に銭五〇〇文札（写真18）・同三〇〇文札・同一〇〇文札の支配所限りの通用を発令しました。銭一〇〇文札には但書で白札と注記があるので、用紙を変更したのでしょう。このため従来の銭一〇〇文札は、黄札と呼称されることになりました。

この後、豊橋藩では明治二年冬から永五〇〇文札（写真19）・永一貫文札の通用を計画しましたが、実施には至っていません。

◉――金札の通用対策

吉田（豊橋）藩では明治二年（一八六九）に米札の通用方法を変更し、銭札の種類を増やしました。明治元年十月に金札の通用を妨害している人物の捕縛を命じていた明治政府も、同二年になると次のようなさまざまな対策をとりました。

府——東京・大阪・京都の三府のこと。

県——もと幕府領で、はじめ裁判所と呼んでいたが県となる。この後、廃藩置県により藩も県に呼称変更される。

新貨幣——新貨ともいう。明治政府の硬貨。

明治二年四月、明治政府は府*・藩・県*に対し、金札の使用を義務づけるとともに、商人に対しては正金取引を禁止して金札による取引を命じました。これは金札の価値下落を防止するためで、金札で支払われた拝借金や月給を直ちに正金と交換する、すなわち金札を忌避するという行為が背景にありました。

明治二年五月には金札の時価通用を廃止し、正金と同様に扱うように命じました。さらに、金札を「太政官」とだけ唱えていることを問題視し、金札の表面にあるように「太政官会計局」と役所名をつけて呼ぶように命じました。この呼び方の問題は、そのまま金札の信頼性の低さ、そしてそれに神経を尖らせている明治政府の姿勢が感じられます。

明治二年五月二十八日、明治政府は金札の通用期限を一三年間から五年間に短縮し、同年冬から製造する新貨幣*と明治五年までに交換すること、期限後の残留分については毎年七・十二月に一か月につき五朱の利息を支払うことを布告しました。その際に示された別の布告では、金札の発行状況を次のように説明しています。それは、先に布告した五〇〇〇万両の新規製造を中止する。これまでの発行高三二五〇万両のうち、一三〇〇万両は府・藩・県に対する貸付に、一四五〇万両は政府の入費に使用し、残金の五〇〇万両は今年の貢租納入までの入費にあてる予定である。国力を超えた金札発行は、今後の交換に支障があるので製造器械を破棄することに決定した、というものです。

明治二年九月、明治政府は太政官札の使い勝手を改善するために、次のように布告しました。それは、金札のうちでも大札は遠隔地における通用に支障があるようなので、*民部省通商司《みんぶしょうつうしょうし》で二分・一分・二朱・一朱の小札を至急に製造して交換する、というものです。大札については布告のなかで指定はありませんが、一〇両札・五両札のことでしょう。

民部省通商司が発行元となった民部省札も、太政官札と同じく金札と呼ばれました。なお民部省が発行元となった理由は、明治二年八月〜同三年七月に大蔵省が民部省と合併していたからです。

民部省札は明治二年十月から通用をはじめました。しかし製造が追いつかず、翌十一月に藩・県の領知高一万石につき三〇〇〇両を目安として太政官札と交換することを布告しました。

◉――各種通貨の通用実態

明治初年には、江戸幕府の鋳造した貨幣、吉田（豊橋）藩の製造した米札・銭札、明治政府の金札が、それぞれ同時に通用していました。通用の実際を愛知大学綜合郷土研究所が所蔵する宝飯郡大木《おおぎ》村の*島田家文書と、刊行された「浄慈院日別雑記」から紹介しておきます。

民部省――明治二年（一八六九）設置された明治政府の官庁名。土木・駅逓・鉱山・通商・聴訴を担当。同四年に廃止。

島田家文書――宝飯郡大木村（豊川市一宮町）の島田家に伝来した史料群。

島田家文書

明治二年（一八六九）の「当座帳《とうざちょう》」には、年頭に当たり庄屋から引き継いだ金高が記録されています。それには、金札と正金に分けたうえで、金札については金種毎に四〇両＝一〇両札四枚、五両＝五両札一枚、二五両＝一両札二五枚、一両＝一分札四枚、二分＝一朱札八枚とあり、正金については六五両二分と合計額だけがあります（写真20上段）。

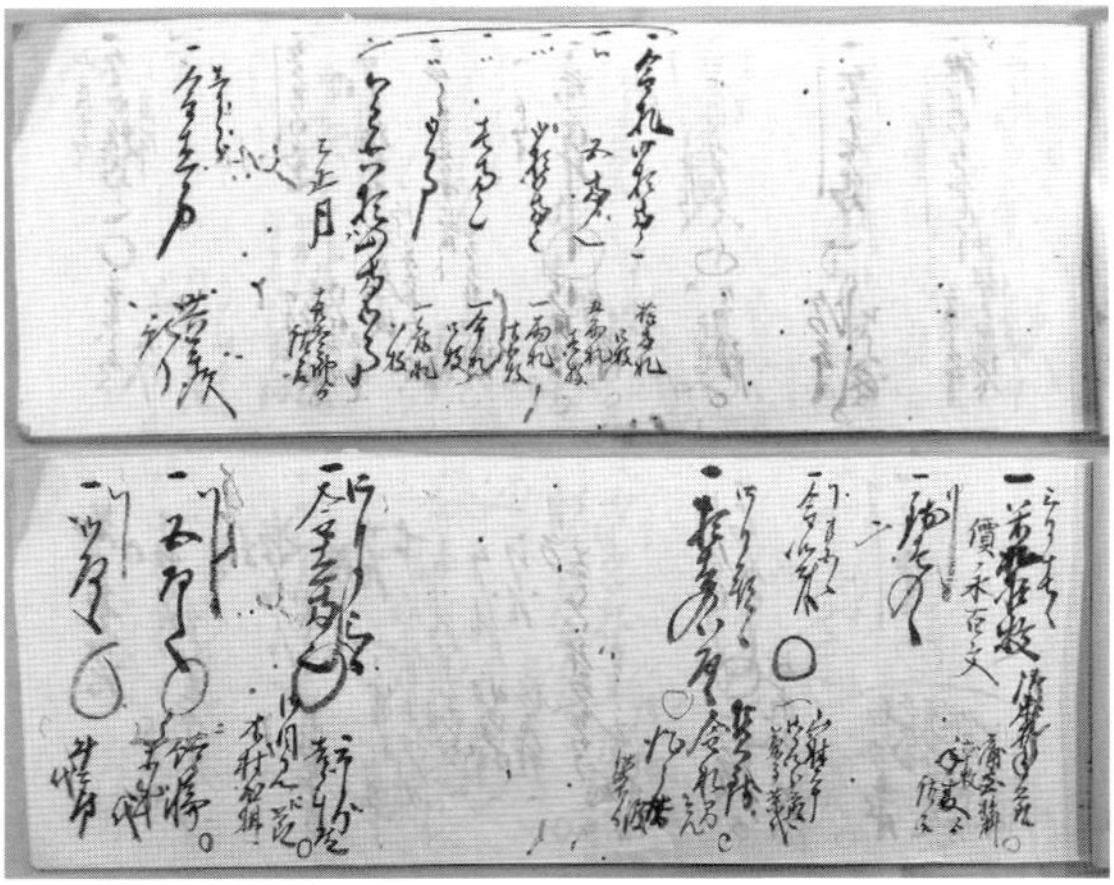

写真20　島田家文書「当座帳」
（愛知大学綜合郷土研究所蔵）

三月十七日には、明治天皇の二度目の東京行の経費を精算しました。大木村が吉田宿に提供した蒲団《ふとん》損料《そんりょう》六十枚分を米札一〇枚で請け取っています。その注記には「價永百文」とあります（写真20下段）。

浄慈院日別雑記

明治二年二月二十五・二十六日に浄慈院の住職は、知人の紹介により元鍛冶町《もとかじまち》の住民との間で、正金を金札と交換しました。浄慈院からは正金一五両を渡し、金札十八両三分を請け取りました。交換の比率は、新居宿と同様の正金一〇〇両＝金札一二五両であり、豊橋藩でもこの比率が採用されていたわけです。

四月十三日には、米札を銀一朱で通用するという触書が届きました。

癪――腹痛・胃痙攣を原因とする胸や腹の激しい痛み。

疳――疳の虫とも表現される神経質な性質。

普請組――江戸時代の普請は土木工事のこと。普請奉行に付属する足軽組。

作事方――江戸時代の作事は建築工事のこと。普請奉行に属する特殊勤務の足軽組。

しかしこの後も米札・金札は、あまり使用例がありません。六月六日に臨終間近となった新河岸《しんかし》の住人から臨終加持を依頼され、浄慈院は金一朱の札を請け取りました。これが米札の最初の請取例です。また六月二十八日には豊橋藩士の娘に虫封じの祈祷《きとう》を行い、その謝礼として米札一枚を請け取っています。

この時点で浄慈院が受領した米札は二枚で、早速六月晦日に米札二枚と銅銭九五〇文を下男に渡し、塩屋が掛け売りとしているコバシ一丁（値段と単位から判断すると工具類の一種か）の代金を精算させました。下男が請取書を持って戻ると、住職は品代が二朱（米札二枚に相当）と二〇〇文、去年正月からの利息七五〇文という明細を「浄慈院日別雑記」に記入しました。

七月朔日に魚町の植市屋から女性の癪《*しゃく》の祈祷を依頼されて米札一枚、渥美郡西赤根村の住人から疳《*かん》の祈祷を依頼されて金札一分を請け取りました。この後、米札の請取例は増加し、七月十二日に浄慈院が納入した新切麦年貢《しんきりむぎねんぐ》一分三朱と銭五三六文のうち、一分三朱の内訳は、米札五枚（一分一朱に相当）と正金二朱分でした。

金札と正金、さらに米札と三種類を支払いに使用する場合もありました。七月二十八日には末寺の中世古観音院《なかせこかんのんいん》の支払い用として、金札二両一分二朱・二分金一つ・米札二枚（二朱）、合計三両を渡しています。

米札の使用者をみると、吉田（豊橋）藩の普請組《*ふしん》や作事方《*さくじかた》、萱町《かやまち》の餅屋や上伝馬町の山城屋というように、藩士や城下町の商家の場合が多いようです。

銭札の場合は次のように記されています。七月十日の「浄慈院日別雑記」には、九文字屋が志として米一升と一〇〇文札二・ろう（蠟燭）を持参してきたとありま す。七月十二日には祈祷料として札二〇〇文を請け取ったとあります。これらはいずれも銭一〇〇文札二枚の請取例です。

十月九日に請け取った祈祷料は五〇〇文に一〇〇文であり、五〇〇文札が追加された後の使用例です。このように銭札であることが明示されていない場合でも、祈祷料が五〇〇文・三〇〇文・一〇〇文と記載してある場合には、それぞれの金額の銭札を受領したと判断できます。

米札・金札の使用に慣れてくると「浄慈院日別雑記」への記入が簡単になる傾向にあり、判断が困難なことがあります。例えば、十月二十四日に吉田藩士の長患《ながわずら》い快癒を祈祷した際に札一朱を請け取り、知人に当座の貸金として米札三分・金札一両を渡していますが、この場合は祈祷料が金札か米札のどちらであったのか識別できません。ついでに言えば、知人からの返済の記事は同月二十七日にあり、単に札一両三分とあるだけです。

十一月二十九日に浄慈院では鍬二丁の修理代銭一貫二〇〇文を米札二朱（二枚）で支払いました。したがって米札一朱（一枚）が銭六〇〇文に相当します。

楮幣——紙幣と同義。楮（こうぞ）は和紙の原料。豊橋藩が明治政府に報告した際、米札を永札と表記しているが、ここでは米札に統一した。

◉——製造高をめぐる応酬

明治二年（一八六九）十月、明治政府は藩札の新規製造を禁止するとともに、来年二月までにこれまでの製造高を報告するようにと命じました。これは藩札に対するはじめての明確な政策です。明治政府は江戸幕府時代の藩札を楮幣《ちょへい》と総称していますが、ここではこれまでと同様に藩札とします。

豊橋藩では明治三年正月十七日に、製造高を米札三万五〇〇〇両・銭札二万五〇〇〇両という報告書を作成しました。これを直ちに明治政府に提出せず、さらに三万五〇〇〇両の増額を決定し、三月十二日に米札五万両・八〇万枚、銭札四万五〇〇〇両・計数不能とする報告書を作成しました。

この間の明治三年三月七日、豊橋藩は明治政府に対し報告遅延の理由を次のように説明しました。それは、通用期限が間近な藩札の交換手続きがあるためで、この機会に製造高を水増しするためではない、というものです。

実際、豊橋藩では同じ三月七日に通用期限がきた銭一〇〇文黄札・同四八文札・同二四文札を、同月十日から生産方で交換することを発令しています。「午（明治三年）三月限」の赤印が押捺されている銭札があるのはこのためです。

明治三年三月十八日、豊橋藩は明治政府から通用期限がくる藩札については期限別に枚数を書き分けて報告するように命ぜられました。これに対し、三月三十日に

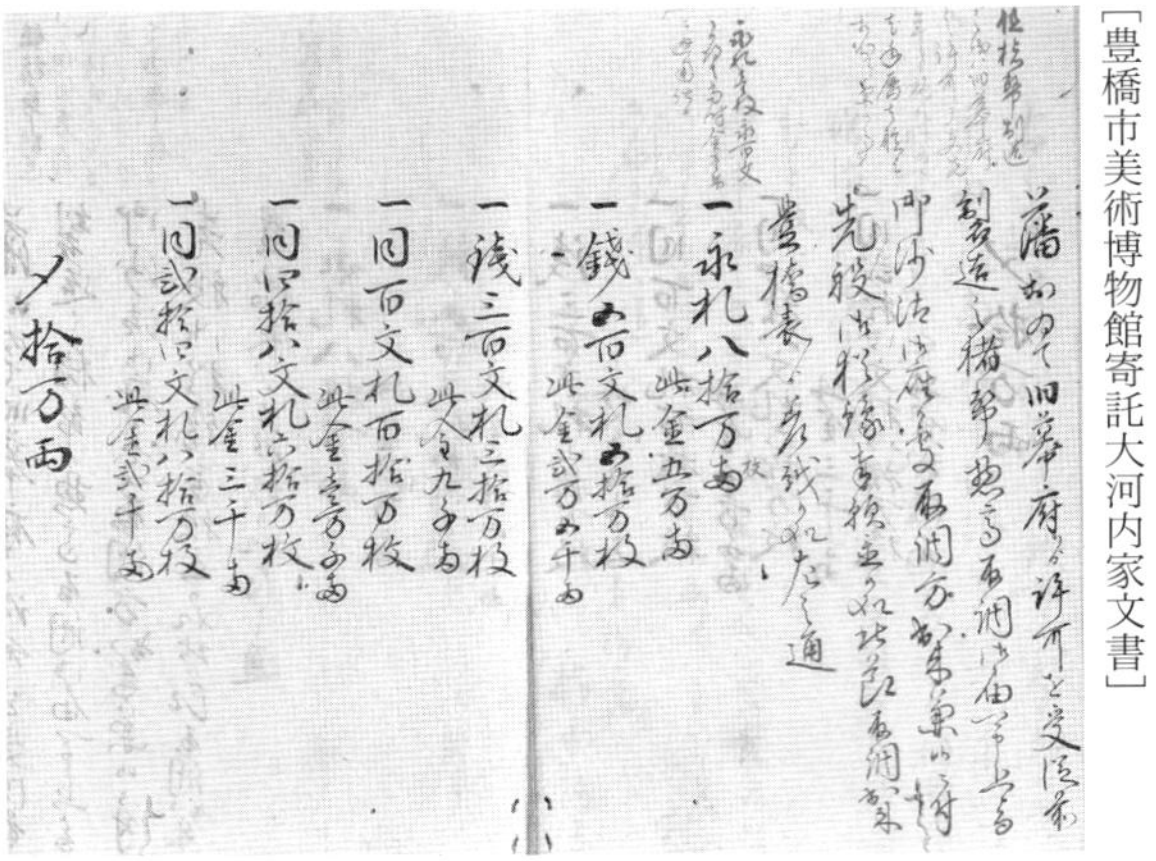

写真21　大河内家文書「願伺届書第壱　明治三年午正月　公務方」
［豊橋市美術博物館寄託大河内家文書］

米札と銭札五種類の金高・枚数を報告しました（写真21・表9）。米札については、三月十二日と同じですが、銭札については、報告書作成の度ごとに製造高が増加しています。銭札の交換を考慮しても発行枚数の管理が徹底していなかったと考えてよいでしょう。いずれにしても、米札と銭札を五万両ずつ、合計一〇万両というのが、豊橋藩の明治政府に対する確定報告です。なお銀一朱通用の米札一枚は計算すると銭六二四文分に相当し、明治政府の金一両＝銭一〇貫文という公定相場にしたがっています。

右の報告に際して豊橋藩は、銭一〇〇文札については三月が通用期限であるが、一度にすべてを回収しては領内の融通に支障があるので新札と交換する、と追加報告しています。これに対し明治政府は、四月二十四日に銭一〇〇文札の新札との交換を禁止しました。この通達をうけて豊橋藩は、庶民の使い勝手がよい銭一〇〇文札は残し、銭三〇〇文札の回収・裁断という代案を五月二十日に願い出ました。しかし六月四日に、これも禁止されました。

八月五日、豊橋藩は銭五〇〇文札と通用期限がくる銭三〇〇文札を同月二十日までに交換と発令しました。このため一部の銭札には「午八月限」とあります。

明治四年正月二十八日、豊橋藩は通用中の米札・銭三〇〇文札・同一〇〇文札・

表9　豊橋藩の藩札製造高（明治3年3月）

種　類	枚　数（枚）	金　額（両）
米価永銭100文札	800,000	50,000
銭500文札	500,000	25,000
銭300文札	300,000	9,000
銭100文札	110,000	11,000
銭48文札	600,000	3,000
銭24文札	800,000	2,000
		100,000

出典＝「願伺届書」第壱（豊橋市美術博物館寄託大河内家文書）

同四八文札・同二四文札について、それぞれ見本として二枚ずつを明治政府に提出しました。その際、銭五〇〇文札を除外したのは、同三年十二月までに交換が完了していたからで、これに関しては明治四年四月二十二日に報告済みです。

◉―回収の流れ

明治政府は、明治四年五月十日に一両を一円として、円*・銭*・厘*の十進法による貨幣制度である新貨条例を発令しました。これは、本位貨幣として二〇円・一〇円・五円・二円・一円の金貨、補助貨幣として五〇銭・二〇銭・一〇銭・五銭の銀貨、一銭・半銭・一厘の銅貨を鋳造するというものです。すなわち日本は金本位制を採用し、近代国家にふさわしい貨幣制度をめざしたのです。

江戸幕府の貨幣単位は金貨が一両＝四分、一分＝四朱という四進法、銭貨が*九六銭《くろくぜに》という特殊な数え方であったので、これをシンプルな仕組みにしたわけです。なお、九六銭の習慣は以降も街道筋で強く残っていたので、明治政府は明治五年三月十五日に*丁銭《ちょうせん》勘定に是正するように布告しました。

明治四年七月十四日、明治政府は廃藩置県と藩札処分を発令しました。以後、豊橋藩は豊橋県となり、藩札の回収に関する指令が矢継ぎ早に続きます。翌八月、豊橋県は明治政府に対し、藩札に関する各種情報を次のように報告しました。それは、

円――一円だけ未鋳造。

銭――円の一〇〇分の一。

厘――銭の一〇分の一。

九六銭――銭貨の数え方。一文銭（小銭）九六枚を一〇〇文とする。

丁銭――九六銭に対し、枚数と文数が同じ数え方。

祠堂金――神社や寺院が運用する貸付金。

①米札五万両のうち、約六％に当たる三、〇二二両を回収したが、四万六九七八両は未回収、②銭札五〇万貫文のうち、約九五％に当たる四七万五千貫文は回収済みで、二万五千貫文は未回収、③米札一両＝金札一両で、両者は固定相場にしている、④銭札＝正銭で、七月十四日の銭相場は金一両＝銭一一貫八〇〇文、⑤藩札を正金に交換するための準備金は用意していないが、日常の交換は豊橋県の諸費用金を充当している、というものです。

豊橋県は明治政府から七月十四日の銭相場に基づく藩札ごとの製造高を報告するように十月二十九日に求められましたが、提出書類は見付かっていません。十一月三日には、藩札の製造器械と未使用の地紙《じがみ》を提出するように命ぜられました。しかし豊橋からの船便が未着で、すべてが用意できません。そこで、これを報告し、到着済みの米札・銭三〇〇文札・同一〇〇文札用の木版と銅版、銭五〇〇文札・同四八文札・同二四文札用の木版、小札印を提出しました。

明治四年十二月十九日、明治政府は新貨幣と金札・銅銭との交換比率を示し（表10）、交換の上限を特別の事情がない場合は一円に限ることを追加指令しました。「浄慈院日別雑記」に「円」の表記が出てくるのは明治四年十二月二十五日以降のことで、この二十五日に祠堂金《＊しどうきん》五両の利息として「円金一円」を請け取り、

表10　新貨幣との交換基準
（明治４年12月）

金札	新貨幣１円　＝金札１両 50銭　＝　２分 25銭　＝　１分 12銭半＝　２朱 ６銭２厘５＝１朱	
銅銭	８厘銭［天保銭］	10枚＝８銭 125枚＝１円
	２厘銭［青銭］	10枚＝２銭 500枚＝１円
	１厘半銭［文久銭］	10枚＝１銭半 667枚＝１円
	１厘銭［銅銭］	10枚＝１銭 1,000枚＝１円

出典＝『刈谷町庄屋留帳』第19巻

額田県――豊橋県は明治四年十一月十五日額田県に編入された。

釣銭を渡しています。翌二十六日には羽田村のアリキが、銅一文銭は一〇文、文久銭一枚は一五文、天保銭は八〇文で通用すること、銭相場が金一両＝一〇貫文であることを知らせにきました。

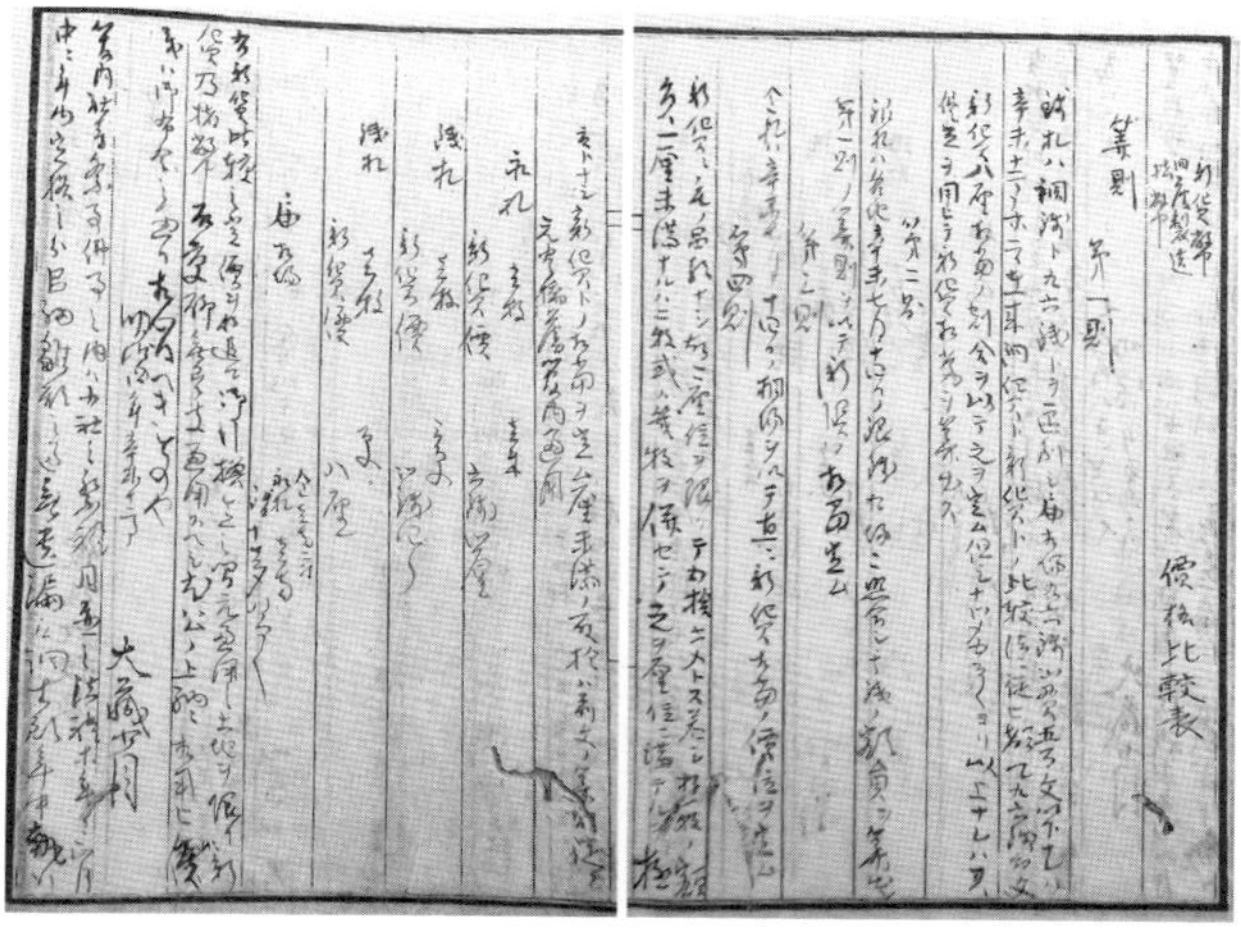

写真22　渡辺家文書「額田県御規則萬日記」（愛知大学綜合郷土研究所蔵）
［新貨幣旧藩製造楮幣価格比較表］

明治政府は明治四年十二月に決定した新貨幣《しんかへい》旧藩《きゅうはん》製造《せいぞう》楮幣《ちょへい》価格比較表を*額田《ぬかた》県に通知しました。これによれば元豊橋藩管内で通用していた藩札は、米札が六銭二厘、銭三〇〇文札が二銭二厘、銭一〇〇文札が八厘に相当することになります（写真22）。

表10に示したように江戸幕府が一〇〇文通用とした天保銭が、明治政府から八厘銭と規定されたことからすれば、銭一〇〇文札が八厘に、同三〇〇文札が約三倍の二銭二厘に相当すると決定されたことは妥当なものであったと考えてよいでしょう。米札についても、豊橋県が報告した明治四年七月十四日の銭相場をもとに計算すると、一朱がほぼ銭七四〇文に換算できることから、明治政府が六銭二厘に相当するとした決定も同様であったと言えます。

米札の回収実績は、明治四年八月の豊橋県の報告では低調でした。しかしその後も回収は進まず、繰り返して通用している間に米札の表面が磨滅し、通用に支障が生じ始めました。浄慈院では明治五年四月十一日に横田屋で上菓子を一朱分購入しましたが、札が古いこ

写真23　渡辺家文書「払物合計控」（愛知大学綜合郷土研究所蔵）
［挟み込まれた新紙幣の十銭札と半円札　8.8×5.2］

新紙幣――明治三年からドイツのフランクフルトにあるノーマン＝ドンドルス社で製造。

とを理由に請け取りは拒否されました。四月十七日にも同様にしたところ、米札が見えにくい、すなわち傷みが激しいために読み取りができないとして請け取りを拒否されました。

明治五年四月十八日、明治政府は前年十二月に見本を配布していた新紙幣*を発行しました。金額は一〇〇円・五〇円・一〇円・五円・一円・半円・二〇銭・一〇銭の九種類で、「明治通宝」の文字を押捺してあり、太政官札・民部省札と異なって紙幣らしい精巧な造りになっています。愛知大学綜合郷土研究所が所蔵する渥美郡馬見塚《まみづか》村渡辺家文書*のなかの「払物合計控」には、新紙幣の半円札と一〇銭札が挟み込んでありました（写真23）。

米札の回収については明治五年十月十二日に触書があり、浄慈院では一両三分二朱分、すなわち米札三〇枚と、以前請け取りを拒否された古米札一枚の交換を素読《そどく》に来ている村役人の子供に依頼しました。

しかし、「浄慈院日別雑記」によると、十月晦日に浄慈院の貸金一〇両が羽田村の村役人から返済された際の内訳は金札六両と米札四両でした。このとき米札は回収されなかったようです。十一月十一日に村役人の子供が米札一両三分二朱を持ってきたときには、これまで通り通用するということで今日請け取っ

渡辺家文書――渥美郡馬見塚村（豊橋市川崎・馬見塚町）の庄屋渡辺家に伝来した史料群。

愛知県――額田県は明治五年十一月二十七日に愛知県と合併した。

表11　藩札の回収金高の推移（単位：円）

藩　名	発行高	明治5年10月	明治6年6月
豊橋藩	100,000	50,903	53,418
岡崎藩	30,000	3,679	3,679
挙母藩	10,000	7,000	7,000
刈谷藩	500	500	500
半原藩	3,461	3,461	3,461

出典＝茂木陽一「明治初年における藩札発行高の全国数値について」を基に作成

たと記入してあります。しかも米札のうち木版の一枚は贋札だったと書き加えています。

明治五年十二月一日、額田県権参事《ごんのさんじ》は元岡崎・挙母藩管内に対し、次のように命じました。新貨幣旧藩製造楮幣価格比較表が通知された直後に藩札の通用が停滞したようだが、近く交換するので疑惑を抱くことなく通用させること。

茂木陽一「明治初年における藩札発行高の全国数値について」に紹介された史料を利用して元豊橋・岡崎・挙母・刈谷・半原藩札の回収金高を示しました（表11）。刈谷・半原藩は全額が回収済みです。岡崎藩の回収金高は比率で言うと一二パーセントです。挙母藩は回収率七〇パーセントで、その処理方法については紹介しておきました。

明治六年一月、愛知県*権令《ごんれい》井関盛良は元豊橋・岡崎・挙母県内で通用していた藩札を使用する場合は、札改人《さつあらためにん》の検査を受けるように命じました。豊橋藩札改人には、元豊橋藩士族の藤本正樹・増井淵・山田常人・杉本百寿・中根正甫・兼子魚典と、商人の兼子元・長尾三九二とが指名されました。このうち藤本・増井・杉本は会計掛り、中根・兼子はその部下の出納方金銭掛りだった藩士、商人の二名は引換所をつとめた旧御用達です。いずれも藩札の専門家です。

米札交換の記事が再び「浄慈院日別雑記」に見えるのは、明治六年四月十六日のことで、米札二両一分二朱を村役人方へ持参しています。この年五月以降は米札に関する記事がありません。

銭札については、明治六年十二月十八日に豊橋曲尺手町の商店に金一円と銭札七〇銭を支払ったという記事があります。この場合は銭札で七〇銭分支払ったということです。内訳が不明ですが、二銭二厘相当の銭三〇〇文札であったと仮定すると、三二枚で七〇銭四厘になります。これは手元にあった銭札を一度に支払いに当てたということでしょう。これ以降、明確に銭札を使用したことがわかる記事はありません。

「浄慈院日別雑記」の明治七年一月十日の記事では、頼母子講の会合日に請け取った民部省二分札の額面が読み取り困難であったために、遣ってくれるように羽田村役人に頼んでいます。五月十六日には、太政官札の磨滅した一円札、記事では「悪金」とあります、を請け取ったことが記されています。

「浄慈院日別雑記」で円・銭・厘の表記が商品代金に使用されるようになるのは明治七年からで、その年の六月十九日には祈祷料として二〇銭銀貨を請け取っています。

明治政府は通用している江戸幕府の貨幣や紙幣である藩札・金札を新紙幣を経て新貨幣に交換するという手続きを採用しました。太政官札・民部省札ともに、発行分のほとんどに相当する金額が新紙幣と交換されました。

鹿野嘉昭『藩札の経済学』によれば、国内で通用していた藩札の回収率は明治六年末に約五〇パーセント、同七年三月に八五パーセントに達し、同九年十月に明治政府は藩札の整理終了を宣言しました。しかし残留分の届出が続いたことから回収を再開し、最終的に明治十二年六月に整理終了を再宣言しました。

表11に基づき元豊橋藩札の回収金高を比率に直すと、明治五年十月は五一パーセント、同六年六月は五三パーセントになります。明治四年八月の豊橋県の調査結果から、ここで示されているほとんどが銭札の回収率であり、米札は未回収だったと判断できます。

米札の最終的な回収結果については現時点では不明です。ただ「浄慈院日別雑記」に記された次のような事例がヒントになります。それは、明治十二年中に交換を終了した太政官札を所持していた浄慈院では、明治十三年六月三十日に未交換分の一朱札五枚を元豊橋藩士が設立した金融組織の「六々社*」で交換したというものです。

これと同様に、藩札であった米札が六々社で交換されたかも知れません。新史料の発掘が今後も必要です。

六々社——明治九年に中村道太が設立。中村は前年五月に同志を集め、豊橋で最初の銀行組織である浅倉屋積金所を本町に設けていた。ともに、武士の俸禄である株禄などを元資として、士族授産と資金融通の拡大をめざしたが、成果は不明。のち第八国立銀行となる。

参考文献

◎刊行物については、愛知大学綜合郷土研究所、または愛知大学豊橋図書館で所蔵しています。

〈特に参考とした文献〉

『国史大辞典』（吉川弘文館）の各項目
滝沢武雄『日本の貨幣の歴史』（吉川弘文館、平成十六年七月）
鹿野嘉昭『藩札の経済学』（東洋経済新報社、平成二十三年三月）
本庄栄治郎校訂『大日本貨幣史』第四巻（大正十四年六月）
日本銀行調査局編『図録　日本の貨幣』４・５・６（東洋経済新報社、昭和四十八〜五十年）
吉原健一郎『江戸の銭と庶民の暮らし』（同成社、平成十五年七月）
三上隆三『江戸の貨幣物語』（東洋経済新報社、平成八年三月）
山本有造「明治維新期の財政と通貨」、『日本経済史３　開港と維新』（岩波書店、平成元年三月）所収
茂木陽一「明治初年における藩札発行高の全国数値について」、『三重法経』一二一号（三重短期大学法経学会、平成十五年三月）所収

〈藩札の図録として見ておくべき文献〉

国立史料館編『江戸時代の紙幣』（東京大学出版会、平成五年一月）
日本銀行調査局編『図録　日本の貨幣』５〜７（東洋経済新報社、昭和四十八〜五十年）

小川吉儀・郡司勇夫監修『藩札図録』上巻（ボナンザ、昭和五十二年三月）
『貨幣』（東海銀行、昭和四十六年六月）

〔参考とした自治体史〕

『西尾市史』二（西尾市、昭和四十九年十二月）
『新編　岡崎市史』近世3（新編岡崎市史編さん委員会、平成四年七月）
『豊田市史』三巻（豊田市、昭和五十三年三月）
『豊橋市史』第二巻（豊橋市、昭和五十年十一月）

〔典拠とした史料集〕

『長嶋家御用日記』（岡崎市、平成二十二年三月）
「民政方御用日誌」『豊田市史』八巻（豊田市、昭和五十五年二月）所収
『刈谷町庄屋留帳』第十六〜十九巻（刈谷市、昭和六十一〜六十二年）
「願書諸用留」、刈谷古文書研究会編『三州和泉屋平右衛門太田家文書』（西村書房、昭和四十八年六月）所収
近世史料研究会『江戸町触集成』第十七巻（塙書房、平成十四年二月）
『岐阜県史』史料編近世七（岐阜県、昭和四十六年三月）
「萬歳書留控」、羽田野敬雄研究会編『幕末三河国神主記録』（清文堂、平成六年二月）所収
『西村次右衛門日記』上・下・補遺（豊橋市、昭和六十年三月・平成六年三月）
「浄慈院日別雑記」、渡辺和敏監修『豊橋市浄慈院日別雑記』第Ⅰ〜第Ⅳ（あるむ、平成十九年三月〜同二十二年三月）所収

「新居町方記録」三、『新居町史』第七巻（新居町、昭和五十九年三月）所収
「見付宿庚申講掛銭帳」、『磐田市史』史料編五近世追補（2）（磐田市、平成八年一月）所収
石井良助・服森弘司編『幕末御触書集成』第四巻（岩波書店、平成五年十二月）
「中興年代記」、田﨑哲郎『三河地方知識人史料』（岩田書院、平成十五年三月）所収
喜田川守貞著宇佐美英機校訂『近世風俗志（守貞謾稿）』㈠（岩波文庫）
「萬覚帳」、『音羽町史』史料編一（音羽町、平成十三年十一月）所収
『古文書にみる江戸時代の二川宿』（豊橋市教育委員会、平成十一年三月）
「龍拈寺留記」、近藤恒次編『三河文献集成〔近世編・上〕』（国書刊行会、昭和五十五年九月覆刻）所収
「吉田藩分限帳」、『豊橋市史』第六巻（豊橋市、昭和五十一年三月）所収
『吉田藩日記』（豊橋市、昭和五十五年十月）
大須賀初夫編『三河国村々高附・額田県布告集』（愛知県宝飯地方史編纂委員会、昭和四十一年十二月）
『豊橋市史』第八巻（豊橋市、昭和五十四年三月）
『新居町史』第九巻（新居町、昭和五十九年三月）

〔典拠とした未公刊の史料〕

愛知大学綜合郷土研究所蔵渡辺家文書「吉田藩札」「半原藩札」「払物合計控」
豊橋市美術博物館寄託大河内家文書「御布令書留」「願伺届書第壱」
愛知大学綜合郷土研究所蔵島田家文書「当座帳」

おわりに

筆者の体験した最近のできごとからはじめます。江戸時代の吉田藩という呼称が明治二年（一八六九）に明治政府から命ぜられ豊橋藩に変わったことは本文中で述べました。それから百四十年、今では豊橋が吉田であったことを知っている人は少なくなったでしょう。ネット上では、三河吉田藩札が伊予吉田藩札として紹介されていました。ちょうど、ブックレット校正中だったこともあり、吉田藩札の存在が広く知られていないことを実感しました。今回、吉田藩札を多数掲載しました。右のような間違いがあることを考えると、これには一定の意義があったと確信しています。なお吉田藩札の大半は、日本銀行金融研究所貨幣博物館の所蔵です。掲載にあたり、藩札の新たな撮影による画像の貸出を受けられたことは筆者にとってきわめてありがたいことでした。

三河諸藩の藩札研究が不十分ななか、吉田藩札の通用制度については、かなり明らかになりました。大河内家文書に含まれる明治初年の藩政史料を閲覧するという幸運にめぐまれたからです。特に、吉田藩主の後裔である大河内元冬氏から、大河内家文書の掲載を許可されたことは、数年来吉田藩政の研究を続けている筆者にとり感慨深いものがあります。

藩札の使用実態や明治初年の貨幣制度の浸透、それと庶民生活との関係は、これからの検討課題です。しかしその一端は、愛知大学綜合郷土研究所から既に刊行されている『豊橋市浄慈院日別雑記』を利用することで、示すことができたと思います。

なお、このブックレットのもとになった拙稿は次のとおりです。

「幕末維新期における三河吉田藩札の通用」『愛知大学綜合郷土研究所紀要』第五〇輯（平成十七年三月）

「東海道新居宿の宿場札」『静岡県地域史研究会会報』第一五七号（平成二十年三月）

「『浄慈院日別雑記』からみた幕末～明治初年の貨幣制度」『豊橋市浄慈院日別雑記』Ⅳ（愛知大学綜合郷土研究所資料叢書第一二集、平成二十二年三月）

最後に、ブックレット作成に際してお世話になった博物館・資料館・図書館などの関係機関、不出来で遅い原稿につきあっていただいた出版社や綜合郷土研究所の皆さんに感謝します。

平成二十五年三月十四日　　著者

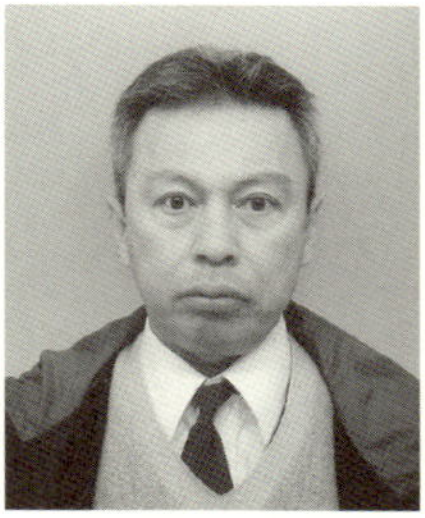

【著者紹介】

橘　敏夫（たちばな　としお）

1956年　愛知県生まれ
1982年　愛知大学文学部史学科卒業
現　在　愛知大学綜合郷土研究所研究員
主要論文＝「文政・天保年間における三河吉田藩政の動向」（『愛知県史研究』第11号）、「嘉永二年の年番辞退申し出にみる宿組合の問題点」（『地方史研究』第344号）、「遠州中泉代官竹垣庄蔵による文政の宿駅改革」（『交通史研究』第77号）など。

愛知大学綜合郷土研究所ブックレット ㉒

藩札　江戸時代の紙幣と生活

2013年３月30日　第１刷発行

著者＝橘　敏夫 ©

編集＝愛知大学綜合郷土研究所
〒441-8522 豊橋市町畑町1-1　Tel. 0532-47-4160

発行＝株式会社 あるむ
〒460-0012 名古屋市中区千代田3-1-12　第三記念橋ビル
Tel. 052-332-0861　Fax. 052-332-0862
http://www.arm-p.co.jp　E-mail: arm@a.email.ne.jp

印刷＝株式会社 精版印刷

ISBN978-4-86333-064-1　C0321

刊行のことば

愛知大学は、戦前上海に設立された東亜同文書院大学などをベースにして、一九四六年に「国際人の養成」と「地域文化への貢献」を建学精神にかかげて開学した。その建学精神の一方の趣旨を実践するため、一九五一年に綜合郷土研究所が設立されたのである。

以来、当研究所では歴史・地理・社会・民俗・文学・自然科学などの各分野からこの地域を研究し、同時に東海地方の資史料を収集してきた。その成果は、紀要や研究叢書として発表し、あわせて資料叢書を発行したり講演会やシンポジウムなどを開催して地域文化の発展に寄与する努力をしてきた。今回、こうした事業に加え、所員の従来の研究成果をできる限りやさしい表現で解説するブックレットを発行することにした。

二十一世紀を迎えた現在、各種のマスメディアが急速に発達しつつある。しかし活字を主体とした出版物こそが、ものの本質を熟考し、またそれを社会へ訴える最適な手段であると信じている。当研究所から生まれる一冊一冊のブックレットが、読者の知的冒険心をかきたてる糧になれば幸いである。

愛知大学綜合郷土研究所